ビギナーズ・クラシックス 中国の古典

十八史略

竹内弘行

角川文庫
17240

はじめに

若い人たちの間で、「自分探し」をしたり、「私は何者？　ここはどこ？」といった問いに関心をもつ人が多くなったと聞きました。そうした関心をもつこと自体は大変いいことで、知の世界への第一歩になるかもしれませんが、すこし気になることがあります。というのは、私たちは、突然ここにいるのではありません。自分という何者かが、わけも分からずにここに誕生したのでもありません。私たちの一人ひとりが、それぞれの事情はあるにしろ、しかるべき両親の想いのもとに生まれてここに居るのです。その居場所も、多くの場合、先人が苦労して切り開き守ってきた場所でありましょう。

つまり、一人ひとりの人間の誕生と成長には、その背後に多くの繫がりがあって、その繫がりの結果としてここに居るのです。今の自分を振り返って、過去におけるその繫がりをさぐり、明確にしていくことが、歴史のもっとも原初的なあり方だと思います。そうした意識が、私たちの立ち位置を自覚させ、未来を拓く足場になるのです。

だとすると、先の「自分探し」や「ここはどこ？」といった問いへの関心は、今の若い人が歴史に対して無頓着になっている結果のように思われます。あるいは、今の歴史学や歴史書の内容が、そうした関心からずれているのかもしれません。

ところで、一人ひとりにその固有の繋がりがあるように、地域や団体、民族や国家にもそれぞれの繋がりがあります。特に中国の場合、五千年とも言われる長い歴史があり、その繋がりは何代にもわたって続き、かつ語りつがれてきました。本書『十八史略』は、その長い歴史を簡潔にまとめたものです。

もちろん歴史には、繋がりがあれば、断絶もあります。その分かれ目は、本書『十八史略』では、その人の行いが他の人に役立つ善であるか、他の人を害する悪であるかで判断されます。そうした歴史的先例として人間の善行と悪行を明確に示すことは、ひるがえって、読者に自分の生き方の手本や生きる心構えを読み取らせることにもなるのです。こういう意味で中国では、歴史書は、しばしば人の行いを映す「鑑《かがみ》」に喩《たと》えられました。この点でも、現代の歴史書は、史実考証が中心の味気ないものになっているように思います。

こうした指摘が本当かどうかは、ぜひこの『十八史略』をお読みいただいて、読者ご自身で判断してみてください。あなたの居場所を知り、飛躍する一助になれば幸いです。

平成二十三年十一月

竹内弘行

目次

第四章　統一の時代

コラム

解説

一　中国の歴史観と歴史書

『十八史略』という書名は、十八種の歴史書の概略《がいりゃく》という意味です。実際は、十八種の歴史書が確定しているわけではありませんが、『十八史略』が編纂された元《げん》という時代には歴史書といえば、十八という共通認識があったからです。どうしてそうなったのでしょうか。まず中国における歴史書出現の背景を説明しましょう。

今から二千二百年前に、漢《かん》という王朝が成立しました。漢の前には、長い戦国時代を統一した秦《しん》という王朝がありました。その秦は西暦紀元前二二一年から同二〇七年までのわずか十五年続いただけで滅んでしまいます。その後にできた漢王朝は、どうしたら秦のような短命で終わってしまわない王朝にするか、どのように長期間の安定した王朝をうち建てるか、が緊急の課題となりました。それに答えるべく、賈誼《かぎ》（前二〇一？―

前一六九）という若い知識人・政治家が書いた論文の中に次のような「野諺《ことわざ》」が引用されています。

「前事《ぜんじ》　忘《わす》れざる　後事《こうじ》の師《し》なり」（『史記』秦始皇本紀《しんしこうほんぎ》）

この諺は「前事」すなわち過去の事実を忘れずに、それをふまえて考えれば、「後事」すなわち将来おこるであろう事件あるいは今後なすべき事柄の指針になる、という意味です。ここでは王朝の長期間の安定をはかるためには、過去の歴史事実をふまえて、その答を探してみればよい、という文脈で述べられていますが、諺としては、未来のどんな課題に対しても、歴史はその解決に役立つ貴重な記録の蓄積であると解釈してよいでしょう。

このような歴史に対する信頼は、さきの諺《ことわざ》が記される数百年前、中国古代の思想家として有名な孔子《こうし》（前五五一—前四七九）の『論語』の中にみえます。

ある時、孔子の弟子のひとり子張《しちょう》が、師の孔子に「十代さきのことが、分かりますか」と質問しました。すると孔子は「百代さきのことでも分かるぞ」と答えたのです。その理由は、過去に栄えた夏《か》王朝・殷《いん》王朝・周《しゅう》王朝の三代の王朝交代の歴史記録から、それぞれがどこを変えて、どこを変えなかったかを調べてみれば、推測できるというのです。原文は次のとおりです。

子張問《しちょうと》う「十世《じゅうせい》知《し》るべきや」と。子曰《しいわ》く「殷《いん》は夏《か》の礼《れい》に因《よ》る、損益《そんえき》するところ知《し》るべきなり。周《しゅう》は殷《いん》の礼《れい》に因《よ》る。損《そん》益《えき》するところ知《し》るべきなり。それ或《ある》いは周《しゅう》を継《つ》ぐ者《もの》、百世《ひゃくせい》といえども知《し》るべきなり」と。(『論語』為政篇《いせいへん》)

孔子は、周王朝が成立して五百年後、既にその統治能力が衰えて諸侯《しょこう》が覇《は》をきそいはじめた「春秋《しゅんじゅう》」という時代に活躍した思想家です。礼《れい》というのは、もとは「礼楽《れいがく》」という言葉のとおり祭事の仕方をいったのですが、礼法・礼制に拡大されて政事《まつりごと》の手だてや制度の意味となって国家運営の基本要件になりました。

孔子が「百代さきのことでも分かる」と言う背後には、夏・殷・周三代の各王朝の礼制が、その「損」と「益」の変化をはっきり区別して伝承されていることが必要です。孔子の言葉には、そうした知識や記録が自分には十分にある(あるいは、あれば)という意味を含みます。

孔子の歴史記録についての態度をもっと端的《たんてき》に述べた言葉が、同じ『論語』の中にみえます。

子《し》曰《いわ》く「述《の》べて作《つく》らず、信《しん》じて古《いにしえ》を好《この》む」と。(『論語』述而篇)

「述べる」とは、過去の歴史事実をありのままに記述し続けること、それだけで、何の作為も加えない。過去の歴史記録を信頼して、その内容に好意をもって取り組んでいくだけだ。これが孔子の歴史記録の扱い方で、史実をありのままに記述していくことから「祖述主義《そじゅつしゅぎ》」とも呼ばれています。

右のような歴史記録への信頼と伝承という前提があって、そこから未来の課題に対する指針がえられると、古代中国では考えられていて、それが歴史書を書きつぐ伝統を形成していた、とみられるのです。

では次に、こうした歴史記録を重んじる文明のもとで書かれた歴史書についてみてみます。冒頭にふれたように、『十八史略』というのは、中国の十八種の歴史書の概略というコンセプトで編《あ》まれた歴史書です。その十八種のうちの十七種については、「十七史一覧表」にまとめてありますので、ご覧下さい。

十七史一覧表

	書名	巻数	朝代	著者名	備考
1	史記	一三〇	前漢	司馬遷	五帝より漢の武帝までの通史
2	漢書	一二〇	後漢	班固	前漢一代の断代史。以下通史とないものはすべて断代史である
3	後漢書	一二〇	(六朝)宋	范曄	(六朝)晋の司馬彪《しばひょう》の著書(八志三〇巻)を含む
4	三国志	六五	(六朝)晋	陳寿	「魏志」「蜀志」「呉志」の三志よりなる
5	晋書	一三〇	唐	房玄齢ら	
6	宋書	一〇〇	(六朝)梁	沈約	
7	南斉書	五九	(六朝)梁	蕭子顕	
8	梁書	五六	唐	姚思廉ら	
9	陳書	三六	唐	姚思廉ら	
10	魏書	一一四	北斉	魏収	別名「北魏書」
11	北斉書	五〇	唐	李百薬	
12	周書	五〇	唐	令狐徳棻ら	別名「北周書」「後周書」
13	隋書	八五	唐	魏徴ら	
14	南史	八〇	唐	李延寿	南朝の宋・斉・梁・陳の四朝通史
15	北史	一〇〇	唐	李延寿	北朝の魏・北斉・周・隋の四朝通史
16	旧唐書	二〇〇	(五代)晋	劉昫	
	新唐書	二二五	宋	欧陽脩ら	
17	旧五代史	一五〇	宋	薛居正ら	梁書・唐書・晋書・漢書・周書
	新五代史	七五	宋	欧陽脩	同右

この表にみえる『史記』から『新五代史』までの歴史書は、歴代王朝から正統な歴史書と認められたもので「正史《せいし》」と言われます。もっとも「正史」という呼び方は、唐代に編《あ》まれた『隋書《ずいしょ》』の「経籍志《けいせきし》」（書物目録）にみえるのが最初です。わざわざ「正史」として区別するのは、それまで各種各様の歴史書があらわれていたからです。そこで隋王朝（五八一—六一七）では、北斉《ほくせい》ではじめて置かれた歴史編纂所「史館《しかん》」をひきついで設置、個人の勝手な歴史書作りを禁じて、官吏に歴史書の編修にあたらせました。唐代に入ってそれを正式な国家機関に昇格させ、大量の歴史書の編纂にあたらせたのです。

こうして前朝の「正史」を書きつぐことが、後の王朝の国家行事になりました。その結果、唐王朝が滅ぶと後梁《こうりょう》・後唐《こうとう》・後晋《こうしん》・後漢《こうかん》・後周《こうしゅう》という短命な五王朝があいついで成立し、これを「五代《ごだい》」といいますが、この中の後晋王朝のとき『唐書《とうじょ》』が編まれました。五代のあとに宋《そう》王朝が成立し、前五代の『五代史《ごだいし》』が編まれました。儒教など伝統文化を尊重した宋王朝のもとで、『唐書』の改編もなされ、こうして新旧二種の『唐書』『五代史』が生まれました。さらに宋代では、「正史」といえば表のとおり十七種をさすことになりました。

ところで、正史の最初の『史記』は、周知のとおり前漢の司馬遷《しばせん》（前一四五—前八六?）の編著です。本ビギナーズ・クラシックス中国の古典シリーズに収められておりますので、参照して下さい。司馬遷は「太史《たいし》」という天文などの記録官ではありましたが、歴史書の編纂は、彼個人の行為でした。

司馬遷は、中国最古の統一王朝の創立者を黄帝《こうてい》とみて、ここから歴史を書きはじめて彼の仕えた武帝（在位前一四〇―前八七）までを書いています。また歴史全体を描くために歴史記述を次の五部に分けました。㈠皇帝の歴史（これを「本紀《ほんぎ》」といいます）㈡諸侯の歴史（これを「世家《せいか》」といいます）㈢個人の歴史（これを「列伝《れつでん》」といいます）㈣年表など一覧できる図表（単に「表《ひょう》」といいます）および㈤天文地理などの文化史（『史記』はこれを「書《しょ》」といいますが後に「志《し》」に変えられました。「経籍志《けいせきし》」もこれに入ります）。以上の五部構成での歴史書のスタイル、これを「紀伝体《きでんたい》」といいます。実は、「正史」の記録スタイルは、基本的には、この紀伝体を踏襲して書かれています。

司馬遷の『史記』を継ぐ歴史書が、後漢《ごかん》の班固《はんご》（紀元三二―九二）の編んだ『漢書《かんじょ》』。その後は六朝宋《そう》の范曄《はんよう》（三九八―四四五）の『後漢書《ごかんじょ》』。六朝晋《しん》の陳寿《ちんじゅ》（二三三―二九七）『三国志《さんごくし》』がつづきます。これらを「前四史」と言って、正史としてよく読まれました。

その後、中国は晋《しん》という統一王朝が出現しますが、北方の異民族におされて、南方に移りました（これを「東晋《とうしん》」といいます）。以来中国は南北分裂の時代を経て隋《ずい》による再統一（五八九）を実現します。この間、北方は五胡十六国《ごこじゅうろくこく》の乱立時代にはいり、それを一時拓跋《たくばつ》氏の北魏《ほくぎ》が制しますが果たせず分裂し、東魏から北斉・西魏から北周をへて隋に至ります。他方、南朝は東晋《とうしん》のあと宋《そう》・斉《せい》・梁《りょう》・陳《ちん》と続いて北方の隋《ずい》に統合されました。

隋王朝（五八一—六一七）の統治は、悪名高い煬帝《ようだい》（在位六〇四—六一八）の暴政によって短命におわり、代わって唐王朝（六一八—九〇七）が、太宗《たいそう》皇帝李世民《りせいみん》（在位六二七—六四九）らの善政によって繁栄し、先のとおり歴史書の編纂も国家事業として行われるようになりました。こうしてそれまで欠けていた六朝時代の「正史」が完備しました。その結果、次の宋代には、「十七史一覧表」のとおり新旧の『唐書』『五代史』を加えて全一九四五巻を数えるほど膨大になりました。

こうした大部な歴史書の蓄積について、当然のことながら新しい再整理が求められました。その最大の試みが、大学者政治家だった司馬光《しばこう》（一〇一九—一〇八六）による『資治通鑑《しじつがん》』の編纂です。この書は、戦国はじめ（前四〇三）より宋王朝成立の前年（九五九）までの千三百年余の、主に政治事件について編年体《へんねんたい》で編まれた歴史書です。全二

司馬光画像（『資治通鑑一』中華書局）

九四巻からなり、当時の多くの歴史学者の協力で十九年間を要して完成したものです。

　これで、歴史の流れが一本化されたのはよかったのですが、まだまだ膨大でとても簡単には読みきれません。そこで主要な歴史エピソードだけを紹介した『十七史詳節《しょうせつ》』、『十七史蒙求《もうぎゅう》』（「蒙求」とは児童書のこと）のような書物も出現しました。

　こうした歴史記録の蓄積の中から、簡単でかつその始めから前代までを一貫した編年体であらわしたのが本書『十八史略』です。宋代までの十七史に、宋王朝（九六〇―一二七九）を加えて十八史と称していますが、その内容は元代に編纂された『宋史《そうし》』だとよいのですが、その前段階の資料を利用しているのではないか、と見られます。次にこの著作の成立と著者の曾先之《そうせんし》についてみてみます。

二　『十八史略』の著者・曾先之

『十八史略』は、今から八百年ほど前に曾先之《そうせんし》という人物によって著わされた歴史書です。曾は、中国の王朝名でいえば、南宋《なんそう》王朝（一一二七―一二七九）の末期から元《げん》王朝（一二七九―一三六七）のはじめにかけて生きたようですが、その詳しい生没年代はよくわかりません。

曾先之の伝記としては、今から二百五十年ほど前の乾隆《けんりゅう》四一年（一七七六）に江西省吉安府《きつあんふ》（現在の吉安市）で編纂された『吉安府志《きつあんふし》』という、この地方の歴史を記録した書物の中の「人物志《じんぶつし》」に、次のような簡単な紹介記事がみえ、それがほとんど唯一の資料です。

曾先之《そうせんし》は、字《あざな》は孟参《もうさん》、吉水県《きっすいけん》の出身。若い頃、王介《おうかい》に師事して学問を身につけた。南宋の咸淳《かんじゅん》元年（一二六五）の進士《しんじ》。恵州《けいしゅう》（広東省恵陽県）の石橋塩場《せききょうえんじょう》の監督官についた。心制《しんせい》（唯心学説？）を学んでいることを以て解任されたが、潭州醴陵《たんしゅうれいりょう》（湖南省醴陵市）の県尉《けんい》（警察長官）に再任された。湖南提刑僉庁《ていけいせん》の権検法官《けんけんほうかん》（判決内容を審査する調査官）に転任。重大犯罪の再審にあたり、公平《こうへい》で寛恕《かんじょ》な処置をこうじた。ついで提挙茶塩司幹弁公事《ていきょさえんしかんべんこうじ》（国の専売品だった茶と塩の管理官）に任じた。すべての職務について、私見で法を曲げることなど一度もなかった。南宋王朝の滅亡（一二七九）後は、故郷に隠居して出仕しなかった。著書に『十八史略』がある。年齢九十二歳で逝去し、故郷の先賢祠《せんけんし》にまつられた。（『吉安府志』人物志）

右の短い伝記から、曾先之が九十二歳の長寿をまっとうしたことがわかります。しかし、その一生は、若い時の王介《おうかい》（人物はよくわかりません）という先生から儒学を学び、南宋王朝が滅亡するわずか十五年前に科挙試験に合格して「進士《しんじ》」の資格を得て官界に入り、二～三の官職についたこと以外は不明です。この間一時《いっとき》「心制《しんせい》（唯心学説？）を学んでいる」ことを理由に解任されたようですが、その詳しい事情もわかりません。官界では南宋王朝の滅亡までの十余年間、塩や茶の監督官や警察長官や裁判の判決の妥当性の審査官などに就任していて大変公平だったようです。もし、曾先之が二十歳で科挙試験に合格していたとしたら、南宋王朝が滅亡するまでほぼ十五年間、官界にいて、三十五歳で隠居生活に入り、以降九十二歳まで、約六十年もの間、蒙古《もうこ》族《ぞく》の元王朝の支配下で生きたことになります。

実際のところ、二十歳で科挙に合格するのはかなり難しいので、十年遅れの三十歳で合格して官界に入り、四十五歳で隠居し、異民族元《げん》の支配下で半世紀近く生きていた、とみた方が妥当かもしれません。

文天祥画像（『文天祥全集』江西人民出版社）

ところで曾先之の官界での活躍を知る手がかりがもうひとつあります。同じ吉安府の出身で、のちに南宋王朝の丞相《じょうしょう》（正しくは「右《う》丞相《じょうしょう》」）に任じ、王朝の滅亡に殉じた「愛国者」となり、後世にその名声をほしいままにした文天《ぶんてん》祥《しょう》（字は文山《ぶんさん》。一二三六―一二八二。吉安府廬陵県《ろりょうけん》の出身。一説に吉水県の出身ともいわれる）の知遇《ちぐう》をえていたのです。

文天祥は、曾先之より九年前の宝祐《ほうゆう》四年（一二五六）に科挙試験に合格し、しかも首席の成績でした（これを「状元《じょうげん》」といいます）。文天祥二十一歳のことです。以降、南宋王朝を支える地方官として活躍していました。

現存する『文山先生全集』巻六に、この文天祥から曾先之にあてた「曾県尉先之字《そうけんいせんしあざな》孟参《もうさん》に与《あた》える」という手紙があります。曾先之が湖南で「県尉《けんい》」（警察長官）の職にあったことは、さきの『吉安府志』人物志中の曾先之の伝記にもありましたので、その頃のものと思われます。ただ『吉安府志』では、湖南省の「醴陵《れいりょう》」（現在の醴陵市）とあるのに、文天祥の手紙では同省の「衡陽《こうよう》」（現在の衡陽市）とあって両地は一〇〇キロ以上離れています。どちらが正しいのか、わかりませんので、このままにしておきます。

実は、この手紙には、文天祥や曾先之らの官僚たちが地方の安定をめざしてある共通の措置を講じていたことが書かれていて、大変興味深いのです。それは、次の手紙のとおり所轄する地方の老人たちを調べ、高年齢者をもてなし、表彰するなど敬老活動に熱心だったことです。

某《それがし》、以前にお手紙を拝受して後、雁回峰《がんかいほう》（湖南衡陽にある中国五大名山・衡山《こうざん》）をめぐっていて、十分な対応ができませんでした。水口鎮《すいこうちん》の呉《ご》権寨《けんさい》が来て、またお手紙を承《うけたまわ》ることができ、つぶさに旧知（原文「故旧」）を思いやるお気持ちがわかりました。百二歳の老女を孟参《あなた》がみつけ出し、安序《あんじょ》が表彰したということは、真に衡陽《こうよう》一段《いちだん》の佳話《かわ》ですね。某《それがし》、六月一日が祖母の誕生日でしたので、任地の城中《まちじゅう》の老人たちをとりもちました。「人生《じんせい》七十《しちじゅう》古来《こらい》稀《まれ》なり」と申しますので、七十歳をはじめとして一千数百名があつまり、最高年齢は九十六歳でした。この老母を堂《やくしょ》に呼びましたところ動作も言葉もまったく衰《おとろ》えがみられません。残念なことは百歳をこえる者がいなかったことです。（城中でなく）城外の村里にいる羅提干存叟《らていかんぞんそう》の祖母は、去年満百歳でした。某《それがし》は以前友人十人余とつれだち行って拝顔しました。当時これを詩によみ（『文山先生全集』巻二に「羅氏祖母《らしそぼ》百歳《ひゃくさい》を慶《けい》す」として収む）これを書軸に仕立てましたが、今年は百一歳になります。この老母の一家は、孫たちが皆儒学者《じゅがくしゃ》で、羅提干《らていかん》は科挙に合格し、福《しあわせ》と寿《ながいき》とをあわせもっていて、あなたの衡陽の老婆の比《ひ》ではありませんよ。（以下略）（『文天祥全集』巻六）

この手紙はまだまだ続きますが、末尾には「湘中《しょうちゅう》は、既に悪党の魁《ボス》どもを捕獲したので、（衡陽の南の）道州《どうしゅう》一帯はもう何事もないと想います。湘郷《しょうきょう》での悪い気風も、久しく終息することでしょう」とあるとおり、文天祥や曾先之らの治安対策は既に一定の成果をあげ、その上で維持向上の一環として、老人を優遇する敬老活動を競いあっていたのです。

孔子のことばに「故旧《こきゅう》遺《わす》れざれば、則《すなわ》ち民《ひと》（の情《じょう》）偸《うす》からず」（『論語』泰伯篇）とありますが、地方の人情を篤《あつ》くし、社会の絆《きずな》を固めること、それが一家の幸福であり、一国の安定をもたらすもので、老人を保護し敬うのはその典型的行為だったのです。

この手紙は文天祥三十九歳の咸淳《かんじゅん》十年（一二七四）に書かれています。曾先之が官界に入って十年がたっていました。南宋王朝が滅亡する五年前のことです。

そもそも、宋《そう》という王朝は、西暦九六〇年に太祖（趙匡胤《ちょうきょういん》、在位九六〇―九七六）が唐末五代の混乱をおさめてたてた統一王朝でしたが、科挙制度で武人よりも文人を積極的に登庸《とうよう》し、伝統的な学問である儒学を尊重した文化国家でした。対外的には北方の異民族・契丹《きったん》のたてた遼《りょう》王朝（九三七―一一二五）、女真族《じょしんぞく》の金《きん》王朝（一一一五―一二三四）そして蒙古《もうこ》族の元《げん》王朝（一二七九―一三六七）に相ついで圧迫されました。周知のとおり徽宗《きそう》と欽宗《きんそう》とが金《きん》に俘虜《ふりょ》として連れ去られると、西暦一一二七年に高宗が南方の浙江省臨安府《りんあんふ》（現在の杭州市）にて即位しました。ここから「南宋《なんそう》」といいます。

この南宋王朝は中国江南の豊かな農業生産力と海上交易による経済収益で、かりそめの平安を享受しましたが、支配をになう官僚や知識人にとっては、異民族を打ち攘《はら》って中原（黄河流域の伝統的地域）を奪還《だっかん》したいというのが願望でした。しかし、西暦一二三四年、金に代わって新たに北方に拠った蒙古族は、一二七一年に元王朝をたてて、さらに全中国を手中にしようと軍を南方に派遣します。文天祥や曾先之が、湖南や江西で地方の安定を図っていた頃には、元軍は長江を南下しはじめやがて臨安府に迫りました。この緊急事態に、文天祥らは抗元《こうげん》軍を組織して臨安に赴きます。そして文天祥は、一二七六年にさきにふれたとおり「右丞相」に任ぜられ、元軍との和議に出向きそこで拘束《こうそく》されますが逃れて福建広東を転戦し、二年後の一二七八年に捕えられて大都（北京）に送られ、一二八二年に元への投降を拒んで殺されました。このとき獄中で詠んだ「正気《せいき》の歌《うた》」は忠臣としての心情を述べて大変有名です。

この間の曾先之の動向は、何の手がかりもなくまったくわかりません。しかし右の文天祥の動向とある程度はリンクしていたのではないか、と思います。というのも『吉安府志』人物志の中で、曾先之が南宋滅亡後は故郷に隠居した、というのは、文天祥と同じように元に投降して再仕《さいし》することはなかったことになるからです。南宋王朝の遺臣《いしん》として、残された半世紀近い時間をすごし、この間に中国史書を読み『十八史略』を著したにちがいありません。

次にその『十八史略』の版本《はんぽん》と内容をみてみます。

三『十八史略』の版本と内容

曾先之が南宋王朝が滅んだ後に故郷に隠居して編んだ『十八史略』は、太古《たいこ》から宋末《そうまつ》までの編年体の歴史書です。上下二巻で刊行され、日本には五種ほどもたらされています。そのもっとも古いものは、『古今歴代十八史略《こ こんれきだいじゅうはちしりゃく》』と題され、天理大学附属天理図書館に所蔵されていて、ここには、元王朝の仁宗《じんそう》皇帝の「延祐《えんゆう》」（一三一四―一三二〇）という年号がみえます。この頃の出版とすれば南宋が滅んでより既に四十年近い歳月がたっていて、曾先之の晩年に出版されたものとなります。

この二巻本は、その後も手が加えられて刊行されたようで、元の英宗《えいそう》皇帝の「至治《しじ》」

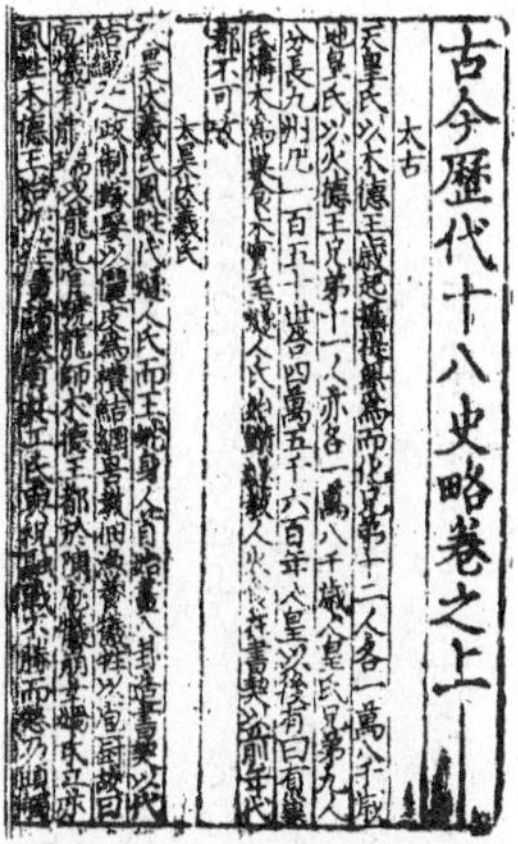
古今歴代十八史略巻之上
太古
天皇氏以木徳王歳起摂提無為而化兄弟十二人各一萬八千歳
地皇氏以火徳王兄弟十一人亦各一萬八千歳人皇氏兄弟九人
分長九州凡一百五十世合四萬五千六百年人皇以後有曰有巣
氏構木為巣食木実至燧人氏始鑽燧教人火食在書契以前年代
都不可攷
太昊伏羲氏

二巻本『十八史略』（元延祐刊）

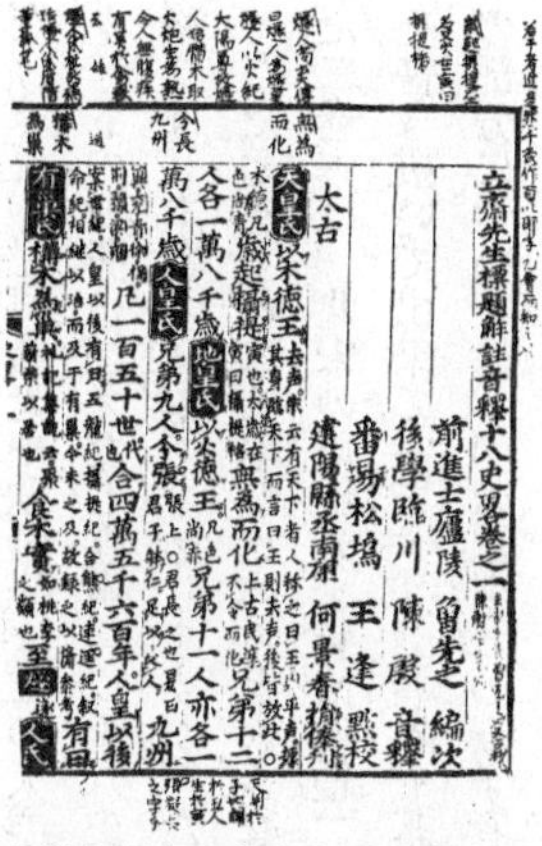
立齋先生標題解註音釋十八史略巻之一
前進士廬陵　曾先之　編次
後學臨川　陳殷　音釋
番陽松塢　王逢　點校
太古
天皇氏以木徳王歳起摂提無為而化兄弟十二人亦各一萬八千歳
地皇氏以火徳王兄弟十一人亦各一萬八千歳
人皇氏兄弟九人分長九州凡一百五十世合四萬五千六百年人皇以後有曰
有巣氏構木為巣食木實

七巻本『十八史略』（明正統辛酉一四四一刊）

（一三二一―一三二三）という年号のみえる東京大学附属図書館所蔵本の内題には、『増修宋季古《ぞうしゅうそうきこ》今通要《こんつうよう》十八史略《じゅうはちしりゃく》』とあり、わざわざ「南宋末期の記事を増やして編《へん》修《しゅう》した」、とことわっています。ただ両書の宋末の記述を比べてみても文字に繁体字か簡略字かの違い程度の差しかありませんでした。

ただ『十八史略』のテキストは、その後も出版されテキストの校正を施した『新増校正《しんぞうこうせい》十八史略綱目』や字《じ》意や釈文《しゃくもん》をつけた『新増音義釈文古《しんぞうおんぎしゃくもんこ》今歴代《こんれきだい》十八史略』などが刊行されたようです。

西暦一三六八年に元に代わって明王朝が成立すると、詳細な字音や釈文の注釈だけでなく、司馬光《しばこう》や欧陽修《おうようしゅう》などの大学者から無名の史家まで多数の「歴史批評」をテキストの行間に加えた七巻本の『十八史略』が刊行されました。この七巻本の『十八史略』は、本書の底本《そこほん》でもありますが、たいへんよく読まれました。

ただ七巻本と二巻本を比べると大きな違いが二点あります。元王朝のもとで刊行された二巻本は、北宋の司馬光『資治通鑑《しじつがん》』や劉恕《りゅうじょ》『資治通鑑外紀《しじつがんがいき》』の中の重要な史実のみを書き抜いて出来ています。七巻本も基本的にはそのままの内容ですが、有名な三国史の部分については、明の劉剡《りゅうえん》という学者が、みずから曾先之のテキストに手を加えたと次のように言っています。

　曾先之がいうには「天下が統一されていない場合、本来一国ごとにその歴史を編集して（例えば『十八史略』の「春秋戦国は、十七国に分けてそれぞれの国の歴史が書かれているように）書くとよいが、それではまた初学者が時代の前後がわからなくなるおそれがある。そこで今（三国史を記述するに）ただ政権の受けつぎが前後継続している一国（魏）を選んで、それを頭に出して、同時代の他の二国（蜀・呉）の歴史をそこに附記することにした」とのことで（書いていま）す。（中略）剡《わたし》は、さきに南宋の朱子《しゅし》が北宋の司馬光《しばこう》の『資治通鑑』を訂正して、『通《つ》鑑綱目《がんこうもく》』を編んだその義例《ぎれい》を守って、江少微《こうしょうび》先生の編んだ『通《つ》鑑節要《がんせつよう》』を訂正しました。いままたこの『十八史略』も訂正して、後漢の劉氏をつぐ蜀を正統王朝とみなし（て他の二国を附記することにし）ました。（七巻本『十八史略』巻三）

さきに出版された曾先之の二巻本では、西暦二二〇年に後漢の献帝の政権禅譲をうけた魏《ぎ》の曹丕《そうひ》（文帝、在位二二〇―二二六）を文頭に置いて翌二二一年、蜀（四川省）で即位した劉備《りゅうび》（昭烈帝）やその後、南京で呉を建国した孫権《そんけん》の史事を附記しています。ところが明の劉剡《りゅうえん》は、南宋の大学者、朱子《しゅし》（本名熹《き》、一一三〇―一二〇〇）が伝統儒教をふまえて名分《めいぶん》や血統を重んじる学説（これを「朱子学」といいます）を唱え、その立場から司馬光『資治通鑑』の記述を組み換えて『通《つ》鑑綱目《がんこうもく》』を編んでいた前例に従って、自分も曾先之『十八史略』の記述に組み換えをほどこした、と言っているのです。

さきに孔子の唱えた祖述主義にふれましたが、劉剡の訂正というのは書かれた史実を変えたのではなく、並べ方を変えただけです。その変え方は、しかし劉氏の血統を至上とする正義のありかを示すという「正統」意識に基づく、自覚的行為だったのです。二巻本と七巻本との大きな差異のひとつはこの点にありました。

『十八史略』の二巻本から七巻本への編成変えにともなう、もうひとつの大きな違いは、南宋王朝滅亡時の記事です。二巻本では、南宋王朝を滅ぼした元《げん》を「大朝《だいちょう》」と称して、文章の中に書かれる場合、必ず改行して「大朝」が文頭に置かれました。七巻本では、この「大朝」の称号をことごとく「元」に変えてあります。西暦一二七一年その元を国号に決めた「世祖皇帝《せいそこうてい》」(フビライ、在位一二六〇―一二九四)も七巻本では「蒙古部《もうこぶ》(が国号を大元《だいげん》とした)」と言い切っています。

こうした表現の修正を、中国では「名を正す」と言っています。その由来は政治のあり方を問われた孔子が「必ず名を正すことだ」(『論語』子路篇)と答え、朱子《しゅし》も「為政《いせい》の道は、みなこれ(名を正すこと)を先にすべきである」と注していることにあります。

それだけではありません。七巻本『十八史略』の最大の違いは、南宋王朝の滅亡に至る詳細な史実を大幅に増加させているのです。とりわけ文天祥《ぶんてんしょう》や陸秀夫《りくしゅうふ》(一二三六―一二七九)、張世傑《ちょうせいけつ》(?―一二七九)ら南宋皇室保持のために戦って生命を落としたいわゆる忠義の臣の記述は、二巻本に比べて格段に多くなりました。ちなみに二巻本にみえる文天祥の記述は次のような簡単なものです。

文天祥《ぶんてんしよう》は、はじめ贛州《かんしゆう》（江西省贛州市《かんしゆうし》）の守《ちようかん》だったが勤王《きんおう》の兵をおこし、平江《へいこう》（江蘇省蘇州市《そしゆうし》）で元軍をおさえ、やがて（臨安府に）召され入衛《にゆうえい》した。（そこが元軍に囲まれると）使者として赴き、おりから三宮《さんきゆう》（さきの理宗《りそう》・度宗《とそう》・恭宗《きようそう》の三人の皇后）が元に降伏し、北へ移されることになって、文天祥も元に拘留されて北へ行くことになった。京口《けいこう》（江蘇省鎮江市）までできて逃げだし難渋《なんじゆう》しながら通州《つうしゆう》（同南通《なんつう》市《し》）から海上にでて、舟で温州《おんしゆう》（浙江省温州市）から福州《ふくしゆう》（福建省福州市《ふくしゆうし》）の亡命政府に入った。しかし端宗《たんそう》の側近・陳宜中《ちんぎちゆう》と意見があわず、出《で》て別に兵をあつめ江西と広東の境界地域を行き来したが、兵敗れ潮州《ちようしゆう》（広東省潮州市）で執《とら》えられ、南方はやっと安定した。（原文「南方始大定」。『十八史略』下巻）

この文からは、文天祥と元軍との戦いの詳しい様子はわかりません。原文はわずか三―四行で終わっています。二巻本はこの後に安南（ベトナム）に逃亡した宋の家臣の顚《てん》末《まつ》を五―六行にわたって記述して終わっています。他方、七巻本では、元軍が臨安府へ迫り、文天祥らが起兵して、その抵抗に尽力するさまを、同時期の皇室や権臣の動向ともからめて、逐一《ちくいち》詳細に記述していて、その分量は唐本《とうほん》で十丁（二十頁）以上になります。

その概容は、既に本書ビギナーズ・クラシックスシリーズの前に出版された『鑑賞中国の古典第8巻　十八史略』の第十五章に紹介しましたので、参照してみて下さい（同書は、いま講談社学術文庫にそのまま収められています）。その要点は、元に執《とら》えられた文天祥が、元の張弘範《ちょうこうはん》将軍らの投降の勧めを拒んで、あくまでも南宋王朝へ忠誠を貫きとおして殺されていった、悲劇の英雄の賛美にあります。この点は今日でも異民族支配に抵抗した「愛国者」として、賞賛されています。

『十八史略』の二巻本と七巻本の大きな違いを二点ほど紹介しましたが、主たる内容はほとんど変わりありません。

最後にこの書の学術的評価にふれておきます。元来、歴史書として編まれたものですが、近代的な実証史学の立場からみれば、高い評価は望めません。既に清代の学者から田舎の塾の課本《テキスト》（原文「郷塾課蒙之本」。『四庫全書総目提要《しこぜんしょそうもくていよう》』巻一一）といった低い評価をえています。

例えば、『十八史略』では、歴史のはじめ（太古）を、天皇氏《てんこうし》の一万八千年、地皇氏《ちこうし》の一万八千年、人皇氏《じんこうし》の四万五千六百年からとしていますが、正史の『史記』では司馬遷の考えで地方の伝承などをもとに黄帝《こうてい》、顓頊《せんぎょく》、帝嚳《ていこく》、帝尭《ていぎょう》、帝舜《ていしゅん》の五帝を中国歴史の最初に置いています。どちらも今日からみれば伝説上の人物にすぎませんが、『十八史略』の方がはるかに歴史的根拠の足りない作り話です。

また七巻本『十八史略』に収められた注音や釈文も、『史記』の裴駰《はいいん》・司馬貞《しばてい》・張守節《ちょうしゅせつ》の三家注《さんかちゅう》、『漢書』の顔師古《がんしこ》注、『資治通鑑』の胡三省《こさんせい》注などいわば正統的注音と比べるとかなり違っています。重要な史実のあとにつけられた「史評」も儒教的な価値観からのものが多く、自由な歴史の解釈とは大きな差があるように思います。

また『十八史略』の本文の記事には、中国の文化遺産としては忘れてはならない仏教関係の史実や文学の流れなどにほとんどふれていません。従って総合的な中国史を俯瞰《ふかん》するには、本書だけでは十分だとは言えないのです。

右のような限界はあるものの、中国古来の主要な史実を収めた本書『十八史略』は、歴史というより中国文化の入門書という性格を色濃く持ち、本国よりむしろ日本で長い間読みつがれてきました。そうした性格をふまえて本文では、中国の文化価値、例えば人間なら理想的人格者である聖君像、女性としては反面教師となる悪女像などなどを典型的に示す歴史記述を選んでみました。ぜひ、ご一読ください。

◆十干十二支《じっかんじゅうにし》

今年は「うさぎ年」とか、彼女は「ヒノエウマ年のうまれ」とかいいます。また歴史についても「戊辰《ぼしん》戦争」とか「辛亥《しんがい》革命」などといいます。これはエトと呼ば

六十甲子表

1 甲子	16 己卯	31 甲午	46 己酉
2 乙丑	17 庚辰	32 乙未	47 庚戌
3 丙寅	18 辛巳	33 丙申	48 辛亥
4 丁卯	19 壬午	34 丁酉	49 壬子
5 戊辰	20 癸未	35 戊戌	50 癸丑
6 己巳	21 甲申	36 己亥	51 甲寅
7 庚午	22 乙酉	37 庚子	52 乙卯
8 辛未	23 丙戌	38 辛丑	53 丙辰
9 壬申	24 丁亥	39 壬寅	54 丁巳
10 癸酉	25 戊子	40 癸卯	55 戊午
11 甲戌	26 己丑	41 甲辰	56 己未
12 乙亥	27 庚寅	42 乙巳	57 庚申
13 丙子	28 辛卯	43 丙午	58 辛酉
14 丁丑	29 壬辰	44 丁未	59 壬戌
15 戊寅	30 癸巳	45 戊申	60 癸亥

れる年次表記法《ねんじひょうきほう》によるものです。エトは干支《かんし》とも書かれますが、もとは、次の十（干《カン》）と十二（支《シ》）とを甲子表のように組みあわせて六十通りの順序の表記ができるので、それを応用したのです（右に漢字音、左に和訓をつけました）。

十干　甲《こう》・乙《おつ》・丙《へい》・丁《てい》・戊《ぼ》・己《き》・庚《こう》・辛《しん》・壬《じん》・癸《き》。
木《き》のえ・木のと・火《ひ》のえ・火のと・土《つち》のえ・土のと・金《か》のえ・金のと・水《みず》のえ・水のと

十二支　子《し》・丑《ちゆう》・寅《いん》・卯《ぼう》・辰《しん》・巳《し》・午《ご》・未《び》・申《しん》・酉《ゆう》・戌《じゆつ》・亥《がい》
鼠《ねずみ》・牛《うし》・虎《とら》・兎《うさぎ》・竜《たつ》・蛇《み》・馬《うま》・羊《ひつじ》・猿《さる》・鳥《とり》・犬《いぬ》・猪《い》。

この六十通りを一年ごとの呼び名にしていて、それをはじめの「甲子《こうし》」にちなんで「甲子紀年法《こうしきねんほう》」ともいいます。『十八史略』では黄帝がはじめてこの「甲子」を創った、といっています。

実際に甲子が年次の表記にとり入れられたのは漢代のことですが、しかし日付けとして甲子《こうし》から癸亥《きがい》まで六十日を順次示すこと（これを「干支紀日法《かんしきじつほう》」といいます）

は、すでに殷墟《いんきょ》から出土した甲骨《こうこつ》文字にみられます。

それだけではなく、一年の十二ヶ月の呼び方や一日を十二時とする時刻の表記にも使われることが、中国の春秋時代あたりより始まりました。さらに方位にも使われて、迷信とも結びつき、生活の中の暦《こよみ》の中でも今も生き続けています。

第一章　聖人の時代

中国では、長い間、古いほど良い時代で、人の理想にかなっていたとみられてきました。したがって時代が下って現代に近づくほど世の中が悪くなったと考えていたのです。これを「尚古史観《しょうこしかん》」といいます。「尚《しょう》」は、尊ぶという意味で、古代を尊ぶ歴史の観方というのです。もちろん逆に時代が下るほど社会も進歩し文化も向上する、と考えた人たちもおりました。しかし、大勢は、古代の価値を認めてそれを理想としました。その理想社会を築きあげたのが「聖人《せいじん》」と呼ばれる人たちです。ここでは、代表的な聖人で君主となった黄帝《こうてい》・尭《ぎょう》・舜《しゅん》・禹《う》の四人を紹介します。

[一] 黄帝《こうてい》 指南車《しなんしゃ》を作る

黄帝《こうてい》、公孫姓《こうそんせい》なり。又姫姓《またきせい》と曰《い》う。名《な》は軒轅《けんえん》、有熊国《ゆうゆうこく》の君《くん》、少典《しょうてん》の子《こ》なり。母《はは》、大電《たいでん》の、北斗《ほくと》の枢星《すうせい》を繞《めぐ》るを見《み》、感《かん》じて帝《てい》を生《う》む。炎帝《えんてい》の世《よ》衰《おとろ》え、諸侯相侵伐《しょこうあいしんばつ》す。軒轅《けんえん》、乃《すなわ》ち干戈《かんか》を用《もち》うることを習《なら》い、以《もっ》て不《ふ》享《きょう》を征《せい》す。諸侯《しょこう》、咸之《みなこれ》に帰《き》す。炎帝《えんてい》と阪泉《はんせん》の野《や》に戦《たたか》い、之《これ》に克《か》つ。蚩尤《しゆう》、乱《らん》を作《な》す。其《そ》の人《ひと》、銅鉄《どうてつ》の額《ひたい》ありて、能《よ》く大霧《たいむ》を作《お》こす。軒轅《けんえん》、指南車《しなんしゃ》を作《つく》り、蚩尤《しゆう》と涿鹿《たくろく》の野《や》に戦《たたか》いて之《これ》を禽《とりこ》にす。遂《つい》に炎帝《えんてい》に代《か》わりて天子《てんし》と為《な》る。

黄帝は、公孫《こうそん》が姓である。また姫《き》が姓であるともいう。名は軒轅《けんえん》で有熊国《ゆうゆうこく》の君主、少典《しょうてん》の子である。出生にあたって、母が、北斗七星の中の天枢星《てんすうせい》を大きな電光がめぐり走るのを見て、それに感応して、黄帝を生んだ。

当時、炎帝の治世は衰え、諸侯が互いに侵略と討伐をくりかえしていた。軒轅は、そこで干《たて》や戟《ほこ》の武器をもちいた軍事の習得につとめ、服従しない者を征伐《し》した。諸侯は皆黄帝に帰順した。炎帝とも阪泉《はんせん》の野《や》で戦い、勝利した。ところが蚩尤《ゆう》という者が反乱を起こした。その人には、銅鉄のごとき厚く強い額《ひたい》と、大霧をわき起こして敵をまよわす能力があった。軒轅は、「指南車《しなんしゃ》」という方向指示車を製作して大霧に迷わされることなく、蚩尤と涿鹿《たくろく》の野で戦い、彼を捕虜《ほりょ》にした。こうしてついに炎帝に代わって天子となったのである。

❖　❖　❖　❖

中国の歴史を黄帝《こうてい》（生まれた時も死んだ時も不明）の天子となった時代から書き始めているのは、中国の「歴史の父」といわれる司馬遷《しばせん》（前漢王朝の歴史家。紀元前一四五―八六?）の『史記』です。本書『十八史略』では、じつはそうではありません。「天皇氏《てんこうし》」から書き始められて、「地皇氏《ちこうし》」「人皇氏《じんこうし》」と続き、それぞれ一万八千年や四万五千六百年も続いたとあります。その後も蛇《へび》で人の顔をもった「伏羲氏《ふくきし》」や傾いた天を亀《かめ》の足を切って立てなおした「女媧氏《じょかし》」などの世を経て、この炎帝や黄帝の時代になったとしています。ともにあまりに奇怪で神話や伝説としては面白いかもしれませんが、真実とは思われません。そこで本書では乱れた世を干《たて》と戈《ほこ》（戟）の武器を使って統治に導《みちび》いた黄帝を最初にしました。

ここに黄帝が指南車《しなんしゃ》を作って、大霧を出す蚩尤《しゆう》軍に勝ったとあります。指南車は磁石を利用して常に南を指示する車のことです。ここから指導者を「指南」とか「指南役」というようになりました。中国歴史における聖人は、まさに人々の生きる手本として指南者であったのです。

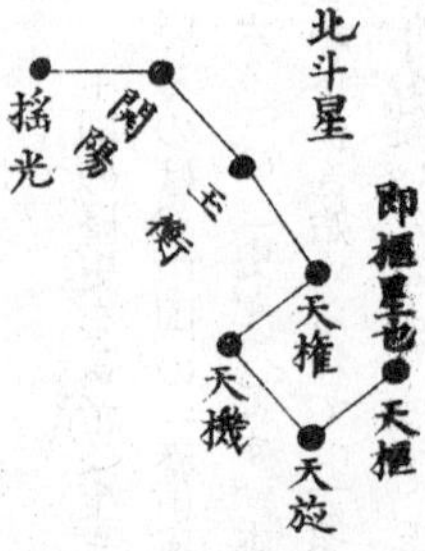

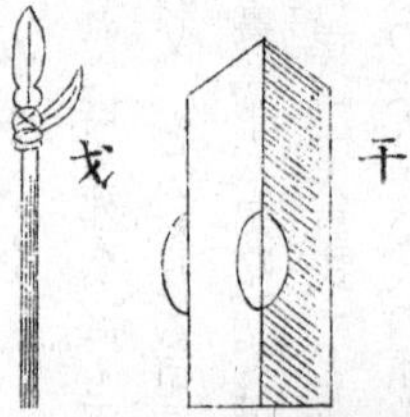

（上）北斗七星（中）干戈
（下）指南車
（小野田虎太編『正統十八史略訳語』）

本文では、この後に、天子になった黄帝が舟や車を造ったり、星の動きを見て日付を示す「十干十二支《じっかんじゅうにし》」（コラム参照）を作って暦《こよみ》を制定したこと、竹笛で自然界の音色《おんしょく》や音《おん》階《かい》を表現できるようにしたことがみえます。これらは、中国の生活文化の基《もと》が黄帝の手で作られたという伝説です。このような話はさきの司馬遷の『史記』に詳しく記述されています。要するに黄帝が聖人であるとみられるのは、武器（干戈《かんか》）を手にして戦った勝利者だったと同時に、文化の基を築いて生活を安定させたという面も重要だったのです。その詳細は、本文では省略しましたので、興味を持たれた方は全訳の『十八史略』か、『史記』の第一巻五帝本紀《ごていほんぎ》の黄帝の項をお読み下さい。

つぎに、黄帝の政治の仕方と晩年を紹介します。これも今からみれば、とても真実とはいえない神話や伝説のたぐいです。

◆黄帝公孫姓。又曰二姫姓一。名軒轅、有熊国君、少典子也。母見三大電繞二北斗枢星一、
感而生レ帝。
炎帝世衰、諸侯相侵伐。軒轅乃習レ用二干戈一、以征二不享一。諸侯咸帰レ之。与二炎帝一戦二
于阪泉之野一、克レ之。蚩尤作レ乱。其人銅鉄額、能作二大霧一。軒轅作二指南車一、与二蚩尤一
戦二於涿鹿之野一、禽レ之。遂代二炎帝一為二天子一。

[二] 黄帝　華胥《かしょ》の国に遊ぶ

嘗《かつ》て昼寝《ひるい》ね、夢《ゆめ》に華胥《かしょ》の国《くに》に遊《あそ》ぶ。怡然《いぜん》として自得《じとく》す。其《そ》の後《ご》、天下《てんか》、大《おお》いに治《おさ》まり、幾《ほと》んど華胥《かしょ》の若《ごと》し。

世《よ》に伝《つた》うらく、黄帝《こうてい》、銅《どう》を采《と》りて鼎《かなえ》を鋳《い》る。鼎成《かなえな》るに、竜有《りゅうあ》り。胡髯《こぜん》を垂《た》れ、下《くだ》り迎《むか》う。帝《てい》、竜《りゅう》に騎《の》りて天《てん》に上《のぼ》る。群臣後宮《ぐんしんこうきゅう》の従《したが》う者《もの》、七十余人《しちじゅうよにん》。小臣《しょうしん》、上《のぼ》ることを得《え》ず。悉《ことごと》く竜《りゅう》の髯《ひげ》を持《も》つ。髯抜《ひげぬ》け、弓《ゆみ》を堕《お》とす。其《そ》の弓《ゆみ》を抱《だ》きて号《な》く。後世《こうせい》、其《そ》の処《ところ》を名《な》づけて鼎湖《ていこ》と曰《い》い、其《そ》の弓《ゆみ》を烏号《うごう》と曰《い》う、と。

黄帝《こうてい》、二十五子《にじゅうごし》あり、其《そ》の姓《せい》を得《え》る者十四《ものじゅうし》。

あるとき黄帝は、昼寝して、「華胥《かしょ》」という国に遊ぶ夢をみた。ほんわかとしたよろこびの中で政治の仕方を会得したのだった。その後、天下はよく治まって、まるで華胥の国のようであったという。

世の伝承では、黄帝は、銅を掘《ほ》って鼎《かなえ》を鋳《い》た。鼎ができあがると、竜が現《あらわ》れ、あごひげをたらして下ってきて黄帝を天上に迎えた。黄帝は、竜にまたがって天にのぼることになった。家来や後宮の女官のうちで従うことを許された者は、七十人あまりだった。位《くらい》のひくい家来たちは、のぼることを許されなかったが、みな竜のひげをにぎってはなさなかった。そのためひげが抜け、黄帝のもっていた弓が落ちた。家来たちはその弓を抱いて号泣した。後世、その場所を「鼎湖《ていこ》」と名づけ、その弓を「烏号《うごう》」といった、という。

黄帝には、子が二十五人もいたが、姓を得て諸侯となった者は、十四人であった。

❖　❖　❖　❖

黄帝が、武力で統一し、文化政策で生活の基盤づくりをした世界は、それだけで十分に治まったとはいえなかったようです。それが理想の国となるためには、「華胥《かしょ》の国」

に遊ぶ、というもう一段上の学習が必要であったからです。そんな国が既に現実にあったのではもちろんありません。夢の中で、見たことで分かったというのです。

この話は、もともとは中国の戦国時代の思想家・列禦寇《れつぎょこう》というひとの著作とされる『列子《れっし》』黄帝篇にみえるものです。黄帝は天下がうまく治まっていないのではないかと悩みぬいたすえに、何もかもすておいて三ヶ月、今でいえば引きこもったあげくに昼寝していて、この「華胥の国」の夢をみたといいます。

『列子』によれば、この国には、国主がいなくて国民に欲がなく、生に執着したり死を怖れたりしない「自然」のままで豊かさに満たされていたという。この話から、何もしないでいて万事が思いどおりの世の中になること、これが中国における最高の政治形態である（これを「無為の治《むいのち》」といいます）とされるようになりました。以下の尭・舜も同様ですのでご記憶下さい。

次に黄帝は、竜に乗って天にのぼったとあります。この話は『史記』封禅書《ほうぜんしょ》にみえるものです。竜については、コラムをご覧下さい。

余談ですが、黄帝が中国歴史に登場するのは、列子らが活躍する戦国時代からです。紀元前二〇〇年ごろの秦から漢への交替期にあたり「黄老思想《こうろう》」（本文の黄帝の「無為の治」と老子の「無為自然」の哲学とが結びついた政治学説）が大流行したようで、それが司《し》馬《ば》遷《せん》の『史記』にも影響をあたえた結果、彼が中国歴史を黄帝から書きはじめることになりました。それが、後にはさらに古い伏羲氏《ふくぎし》などに初始《はじめ》の位置をうばわれてしまいますが、それでも二十世紀初頭に、ヨーロッパから「民族主義」の思想が入ってくると、中国の「漢《かん》」民族としての自覚をうながすために、その初始の象徴的人物として「黄帝」に白羽の矢が立てられました。そうした黄帝像が、次に掲げる「世界第一之《の》民族主義大偉人黄帝」や「中国始祖黄帝肖像」です。漢民族、いや中国人はみな黄帝の子孫であるという表現は、今の中国でもみられます。

◆嘗昼寝、夢遊㆓華胥之国㆒。怡然自得。其後天下大治、幾若㆓華胥㆒。
世伝、黄帝采㆑銅鋳㆑鼎。鼎成、有㆑竜。垂㆓胡髯㆒、下迎。帝騎㆑竜上㆑天。群臣後宮従者七十余人。小臣不㆑得㆑上。悉持㆓竜髯㆒。髯抜、堕㆑弓。抱㆓其弓㆒而号。後世名㆓其処㆒曰㆓鼎湖㆒、其弓曰㆓烏号㆒。

黄帝二十五子、其得㆑姓者十四。

中国始祖黄帝肖像（1905年刊の雑誌『弐拾世紀之支那』口絵）

世界第一之民族主義大偉人黄帝

中国民族開国之始祖（清朝末期に民族革命をとなえた雑誌の口絵に掲げられた黄帝。1903年刊の雑誌『黄帝魂』口絵）

[三]　堯《ぎょう》　鼓腹撃壌《こふくげきじょう》

帝堯陶唐氏《ていぎょうとうとうし》、伊祁姓《いきせい》なり。或《ある》いは曰《いわ》く、名《な》は放勛《ほうくん》と。帝嚳《ていこく》の子《こ》なり。其《そ》の仁《じん》、天《てん》の如《ごと》く、其《そ》の知《ち》、神《しん》の如《ごと》し。之《これ》に就《つ》けば日《ひ》の如《ごと》く、之《これ》を望《のぞ》めば雲《くも》の如《ごと》し。平陽《へいよう》に都《みやこ》す。茆茨《ぼうし》剪《き》らず、土階三等《どかいさんとう》。草有《くさあ》り庭《にわ》に生《しょう》ず。十五日《じゅうごにち》以前《ぜん》は、日《ひ》に一葉《いちよう》を生《しょう》じ、以後《いご》は日《ひ》に一葉《いちよう》を落《お》とす。月小《つきしょう》にして尽《つ》くれば、則《すなわ》ち一葉《いちよう》厭《かわ》いて落《お》ちず。名《な》を蓂莢《めいきょう》と曰《い》う。之《これ》を観《み》て以《もつ》て旬朔《じゅんさく》を知《し》る。

天下《てんか》を治《おさ》むること五十年《ごじゅうねん》、天下《てんか》治《おさ》まるか治《おさ》まらざるか、億兆己《おくちょうおのれ》を戴《いただ》くを願《ねが》うか、己《おのれ》を戴《いただ》くを願《ねが》わざるかを知《し》らず。左右《さゆう》に問《と》うも知《し》らず、外朝《がいちょう》に問《と》うも知《し》らず、在野《ざいや》に問《と》うも知《し》らず。乃《すなわ》ち微服《びふく》して康衢《こうく》に游《あそ》ぶ。童謡《どうよう》を聞《き》く。曰《いわ》く、

「我《わ》が烝民《じょうみん》を立《た》つる、爾《なんじ》の極《きょく》に匪《あら》ざる莫《な》し、識《し》らず知《し》らず、帝《てい》の則《のり》に順《したが》う」

らんや」と。

と。老人《ろうじん》有《あ》り、哺《ほ》を含《ふく》んで腹《はら》を皷《う》ち、壌《じょう》を撃《う》ちて歌《うた》いて曰《いわ》く、「日出《ひい》でて作《さく》し、日入《ひい》りて息《いこ》う。井《い》を鑿《うが》ちて飲《の》み、田《た》を畊《たがや》して食《く》らう。帝《てい》の力《ちから》何《なん》ぞ我《われ》に有《あ》らんや」と。

帝堯《ていぎょう》、陶唐氏《とうとうし》は、伊祁《いき》が姓である。一説に名を放勛《ほうくん》といった。帝嚳《ていこく》の子である。その仁愛は天のように広大で、その知恵は神のように霊妙だった。近づいてみれば、太陽が照らすようにみえ、遠くからのぞめば、雲のわき立つようであった。山西省の平陽《へいよう》の地に都を定めた。都の宮殿は質素なかやぶきで、はしが切りそろえてなく、土の階段が三段ついているだけだった。ある日、不思議な草が宮殿の庭に生えた。十五日までは、一日に葉が一枚ずつつき、それ以後になると、一日に葉が一枚ずつ落ちた。小月の二十九日で終わる時は、残った一枚の葉が乾いたまま落ちなかった。この草の名を「蓂莢《めいきょう》」といった。これを見て暦のはじめの日付を知った。

天下を治めること五十年、天下が治まっているのか、治まっていないのか、万民が己《おのれ》を戴《いただ》くことを望んでいるのか、己を戴くことを望んでいないのかわからなかった。左右の側近に問うてもわからず、役人に問うてもわからず、民間に問うてもわからなかった。そこで貧しい身なりに変装をして市街を歩いてみた。すると次のような童謡が聞こえてきた。

「万民《われら》の生活が成り立つのは、すべてあなたの立派な徳のおかげです。知らず知らずのうちに、ちゃんと帝の則《きまり》にしたがってます」

また、ある老人が物をたべながら腹鼓《はらつづみ》をうち、地面をたたいて調子をととのえ、こう歌っていた。

「日が出て働き、日がおち休む。井戸を掘ってその水を飲み、田畑を耕してその米を食《く》う。帝がわたしに力ぞえ、そんなの私にありませぬ」

❖　❖　❖　❖

尭《ぎょう》は、尭帝《ぎょうてい》といわずに帝尭《ていぎょう》といいます。次の舜も帝舜《ていしゅん》といいます。尭は、はじめの陶《とう》という土地に封地《ほうち》（領地）をもらいその地の君となり、ついで唐《とう》という土地に移ってそ

「鼓腹撃壌」百鬼丸の切り絵
(『グラフィック版十八史略』1984年、世界文化社)

の地の君となりました。そこで「陶唐氏《とうとうし》」と名乗ったといいます。姓は伊祁《いき》、名は放勛《ほうくん》と言ったと本文にはありますが、堯というのが元の名だという説と死後につける諡《おくりな》だという説があります。いずれにしろ今では本当のところは判《わか》りません。孔子以来の儒教では、堯は次の舜とあわせて「堯舜《ぎょうしゅん》」といい、最高の聖人君主として称えられています。

問題は、その最高の聖人と称される所以《ゆえん》、つまり理由です。実は堯は質素な宮殿にいたことと、天のように広大な仁愛の持ち主であったと絶賛されるだけで、何をしたのか、どうしたのかよく判らないのです。堯本人も本当によいのか、わるいのか迷ってしまい、市街へ出て庶民の歌を聴いて回りました。すると、本文のとおり帝の政治に感謝するという童謡とそうでないという老人の鼓腹撃壌《はらつづみしつちをうつて》の歌を聴きました。歌の内容は正反対でした。後には、老人の歌のように皇帝の政治力などまるで何も感じられないほど、実は完璧に平和な世の中だったという評価（これもさきの黄帝の「華胥の国」の政治と同類として）が定着します。こうして「鼓腹撃壌《こふくげきじよう》」という四文字熟語は、太平の世を謳歌《おうか》するという意味になりました。

◆帝尭陶唐氏伊祁姓。或曰、名放勛。帝嚳子也。其仁如レ天、其知如レ神。就レ之如レ日、望レ之如レ雲。都二平陽一。茆茨不レ剪、土階三等。有レ草生レ庭。十五日以前、日生二一葉一、以後日落二一葉一。月小尽、則一葉厭而不レ落。名曰二蓂莢一。観レ之以知二旬朔一。治二天下一五十年、不レ知二天下治歟不レ治歟、億兆願レ戴レ己歟、不レ願レ戴レ己歟一。問二左右一不レ知、問二外朝一不レ知、問二在野一不レ知。乃微服游二於康衢一。聞二童謡一。曰、立二我烝民一、莫レ匪二爾極一、不レ識不レ知、順二帝之則一。有二老人一、含レ哺鼓レ腹、撃レ壌而歌曰、日出而作、日入而息。鑿レ井而飲、畊レ田而食。帝力何有二於我一哉。

［四］堯　舜を天に薦《すす》む

華《か》に観《み》る。華《か》の封人曰《ほうじんいわ》く、「嘻《ああ》、請《こ》う聖人《せいじん》を祝《しゅく》せんことを。聖人《せいじん》をして寿富《じゅふ》にして男子《だんし》多《おお》からしめよ」と。堯曰《ぎょういわ》く、「辞《じ》す。男子《だんし》多《おお》ければ則《すなわ》ち懼《おそ》れ多《おお》く、富《と》めば則《すなわ》ち事多《ことおお》く、寿《じゅ》なれば則《すなわ》ち辱《はずかし》め多《おお》し」と。封人曰《ほうじんいわ》く、「天万民《てんばんみん》を生《しょう》ずるや、必《かなら》ず之《これ》に職《しょく》を授《さず》く。男子《だんし》多《おお》くとも之《これ》に職《しょく》を授《さず》けば、何《なん》の懼《おそ》れか之《こ》れ有《あ》らん。富《と》むとも人《ひと》をして之《これ》を分《わ》かたしめば、何《なん》の事《こと》か之《こ》れ有《あ》らん。天下道有《てんかみちあ》れば、物《もの》と与《とも》に皆昌《みなさか》ゆ。天下道無《てんかみちな》くんば、徳《とく》を修《おさ》めて間《かん》に就《つ》く。千歳世《せんざいよ》を厭《いと》わば、去《さ》りて上僊《じょうせん》し、彼《か》の白雲《はくうん》に乗《じょう》じて帝郷《ていきょう》に至《いた》らんには、何《なん》の辱《はずかし》めか之《こ》れ有《あ》らん」と。

堯立《ぎょうた》ちて七十年《しちじゅうねん》、九年《きゅうねん》の水有《みずあ》り。鯀《こん》をして之《これ》を治《おさ》めしむるも、九載績《きゅうさいせき》あらず。堯老《ぎょうお》いて勤《つと》めに倦《う》む。四岳《しがく》舜《しゅん》を挙《あ》ぐ。天下《てんか》の事《こと》を摂行《せっこう》せしむ。堯《ぎょう》の子丹《こたん》朱不肖《しゅふしょう》なり。乃《すなわ》ち舜《しゅん》を天《てん》に薦《すす》む。堯崩《ぎょうほう》じ、舜位《しゅんくらい》に即《つ》く。

堯が陝西省《せんせいしょう》南方にある華山《かざん》に遊んだおりのこと、華山の関守《せきもり》がこう言った。「ああ、どうか聖人であられる堯さまの幸せをいのらせてください。あなた様が長寿となり富貴となり多くの男子に恵まれますようにと」と。これを聞いた堯は言った。「辞退しよう。男子が多いと心配事も多くなり、富貴になると、もめ事も多くなり、長寿になると、屈辱をうける機会も多くなるからだ」と。関守は反論してこう言った。「天が万民を生みだしたからには、必ずめいめいに天職を与えて生かしております。男子が多くても、それぞれに天職をお与えなされば、どんな心配事がありましょう。富貴になっても、他人に分け与えるようにすれば、どんなもめ事がありましょう。天下に道が行われる平和な世ならば、万物とともに栄え、天下に道が行われない乱れた世ならば、御自分おひとりの徳を修めて悠々自適の暮らしにつくのです。もし千年もの長寿を保ってこの世にあきたなら、この世を去って仙人となり、あの空の白い雲に乗って天帝のもとにお行きなされば、どこに屈辱をうけることなどありましょう」と。

堯が位について七十年たったころに、九年におよぶ大洪水があった。鯀《こん》という者に命じて治水にあたらせたが、九年間、治績があがらなかった。堯は年老いて政治の務めにもあきてきた。そこで四岳の官が舜という者を推挙したので、彼に天下の政治を代行させた。堯の子の丹朱《たんしゅ》は、父に似つかぬ愚か者だった。そこで舜を天子の位につくよう天に推薦した。こうして堯が崩御すると、舜が即位した。

❖ ❖ ❖ ❖

帝堯の治世中におこった二つの事を紹介します。ひとつは堯と華山の封人《ほうじん》（国境の関守のこと）との対話です。

この対話は、戦国時代の思想家・荘周《そうしゅう》の著作である『荘子』天地篇にそっくりあります。ただし『荘子』の原文ではもう少し長くて、関守が帝堯のために子宝と富貴と長寿との三つに加えて、さらに不死の仙郷へ行けるように祈禱《きとう》してさしあげようと告げてい

帝尭が舜に位を譲る
（林猷召編『中国通史連環画』（第一冊）、1991年、海南出版社）

ます。帝尭ははじめはそれらを断っていたのですが、さきの本文とはちがい、のちに翻意《ほんい》して関守のあとを追い求めたというのです。じつはこれは、儒教が掲げた尭舜らの聖人君主を笑うために作られた「仮のお話」でした。荘子は特にこれを「寓言《ぐうげん》」という意図的なフィクション（虚構表現）の手法で書き残したのです。のちに「無為《むい》」や「無君《むくん》」の平和思想が尊重されるに従い、本文のような歴史上のエピソードとして妥協的な接合がなされました。

もうひとつは、帝尭の治世中におきた大洪水です。臣下の鯀《こん》に命じて治水しますが、九年間の努力のかいもなく失敗してしまいました。次の帝舜のおりに鯀の子の禹《う》が十三年かけて治水に成功します。あわせて二十年以上も尭舜の民は洪水に苦しんだことになります。理想の聖人の世に、どうしてこんな大災害がおきたのか不思議に思います。その理由はわかりませんが、帝尭は老いて位を民間から推挙されてきた舜《しゅん》に譲りました。本文の「天に推薦」したというのは、これが武力革命による政権奪取ではない、平和的な交代（これを「禅譲《ぜんじょう》」といいます）でなされたことを示すものです。どうして、そんな交代が可能だったのかについては、次節をご覧下さい。

◆観二于華一。華封人曰、嘻、請祝二聖人一。使三聖人寿富多二男子一。尭曰、辞。多二男子一則多レ懼、富則多レ事、寿則多レ辱。封人曰、天生二万民一、必授二之職一。多二男子一而授二之職一、何懼之有。富而使二人分一レ之、何事之有。天下有レ道、与レ物皆昌。天下無レ道、修レ徳就レ間。千歳厭レ世、去而上僊、乗二彼白雲一至二于帝郷一、何辱之有。
尭立七十年、有二九年之水一。使三鯀治二レ之、九載弗レ績。尭老倦二于勤一。四岳挙レ舜。摂二行天下事一。尭子丹朱不肖。乃薦二舜於天一。尭崩、舜即レ位。

［五］舜　南風の詩を歌って天下治まる

帝舜《ていしゅん》有虞氏《ゆうぐし》、姚姓《ようせい》なり。或《ある》いは曰《いわ》く、名《な》は重華《ちょうか》と。瞽瞍《こそう》の子《こ》にして、顓頊《せんぎょく》六世《ろくせい》の孫《まご》なり。父《ちち》、後妻《こうさい》に惑《まど》い、少子象《しょうししょう》を愛《あい》し、常《つね》に舜《しゅん》を殺《ころ》さんと欲《ほっ》す。舜《しゅん》、孝悌《こうてい》の道《みち》を尽《つ》くし、烝烝《じょうじょう》として乂《おさ》めて姦《かん》に格《いた》らざらしむ。歴山《れきざん》に畊《たがや》せば、民《たみ》皆畔《みなあぜ》を譲《ゆず》り、雷沢《らいたく》に漁《ぎょ》すれば、人皆居《ひとみなきょ》を譲《ゆず》り、河浜《かひん》に陶《とう》すれば、器《き》、苦窳《くゆ》せず。居《お》る所聚《ところしゅう》を成《な》し、二年《にねん》にして邑《ゆう》を成《な》し、三年《さんねん》にして都《みやこ》を成《な》す。堯之《ぎょうこれ》が聡明《そうめい》なるを聞《き》き、畎畝《けんぽ》より挙《あ》げ、妻《めあ》わすに二女《にじょ》を以《もっ》てす。娥黄《がこう》・女《じょ》英《えい》と曰《い》う。嬀汭《ぎぜい》に釐《おさ》め降《くだ》す。遂《つい》に堯《ぎょう》に相《しょう》として政《まつりごと》を摂《せつ》す。驩兜《かんとう》を放《はな》ち、共《きょう》工《こう》を流《なが》し、鯀《こん》を殛《きょく》し、三苗《さんびょう》を竄《ざん》す。才子《さいし》八元八愷《はちげんはちがい》を挙《あ》げ、九官《きゅうかん》に命《めい》じ、十二《じゅうに》牧《ぼく》に咨《はか》る。四海《しかい》の内《うち》、咸舜《みなしゅん》の功《こう》を戴《いただ》く。

五絃《ごげん》の琴《こと》を弾《だん》じ、南風《なんぷう》の詩《し》を歌《うた》い、而《しこ》うして天下治《てんかおさ》まる。詩《し》に曰《いわ》く、「南風《なんぷう》の薫《くん》ぜる、以《もっ》て吾《わ》が民《たみ》の慍《いきどお》りを解《と》くべし。南風《なんぷう》の時《とき》なる、以《もっ》て吾《わ》が民《たみ》の財《ざい》を阜《ゆた》かにすべし」と。時《とき》に景星《けいせい》出《い》で、卿雲興《けいうんおこ》る。百工相和《ひゃくこうあいわ》して歌《うた》いて曰《いわ》く、「卿雲爛《けいうんらん》たり、糺縵縵《きゅうまんまん》たり。日月光華《じつげつこうか》あり、旦復《たんま》た旦《たん》」と。舜《しゅん》の子《こ》商均《しょうきん》、不肖《ふしょう》なり。乃《すなわ》ち禹《う》を天《てん》に薦《すす》む。舜《しゅん》、南《みなみ》に巡狩《じゅんしゅ》し、蒼梧《そうご》の野《や》に崩《ほう》ず。禹《う》位《くらい》に即《つ》く。

帝舜有虞氏《ていしゅんゆうぐし》は、姚《よう》が姓である。一説に名が重華《ちょうか》であるという。瞽瞍《こそう》の子で、顓《せん》頊《ぎょく》から六代下の子孫である。父親の瞽瞍が後妻に惑《まど》い、後妻の子で弟だった象《しょう》を愛し、つねづね舜を殺そうとした。舜は父母への孝行と兄弟への悌《おもいやり》の気持ちを尽くして、善に善にと進ませ、自己を陶冶《とうや》して悪行をしないように努めた。舜が安徽省にある歴山の地で農耕していると、民はみな田畑の境である畔《あぜ》を譲り合い、雷沢《らいたく》で漁業をしていると、人はみな漁場を譲り合い、河浜《かひん》で陶器作りをしていると、だれもまがったりゆがんだりした粗悪品を作らなくなった。舜のいる場所は、たちまち集落となり、二年で邑《まち》となり、三年で都市となった。

堯は、彼の聡明なことを聞くと、民間より登用し、二人の娘を妻として与えた。娘は名を娥《が》黄《こう》・女英《じょえい》といった。二人は支度をととのえて舜のいた嬀《ぎ》水《すい》の北（汭《ぜい》は川北の意味）に降嫁《こうか》した。こうして舜はついに堯の宰相として政治を代行し、当時、国内にいた「四凶《しきょう》」とよばれる悪人の驩兜《かんとう》を追放し、共工《きょうこう》を流刑にし、治水に成果のなかった鯀《こん》を死刑にし、さらに朝命に服さない三苗《さんびょう》を放逐《ほうちく》した。かわって才人で善良な八人と温和な八人を登用し、九大臣を任命し、十二州の長官と相談して安寧《あんねい》な社会が実現する政治を行った。こうして天下の民がみんな舜の功徳をおしいただくようになった。

舜が五絃の琴をひき、南風の詩を歌うだけで、天下はちゃんと治まった。その詩にはこういっている。

「南風の香《かお》り薫《かお》りて、わが民のいかり解けだす。
南風の時にころよく、わが民のたから豊かに」

当時、天の瑞祥《ずいしょう》として、「景星《けいせい》」というめでたい星が出現し、「卿雲《けいうん》」というめでたい雲がわき起《た》った。これを見た民衆は、舜の詩に和して次のように歌った。

「卿雲が五色にかがやき、礼制は上に下にとゆきわたる。

日月が華麗に輝き、めでたさは、日《ひ》一日《いちにち》とかぎりなし」

舜の子商均《しょうきん》は、しかし父に似つかぬ愚か者であった。そこで禹《う》を天子の位につくよう天に推薦した。舜は南方への巡視中に、蒼梧《そうご》の野で崩御した。こうして禹が即位した。

❖ ❖ ❖ ❖

民間人だった舜が、尭《ぎょう》から帝位を譲られたことは、前節でもふれましたが、これを「禅譲《ぜんじょう》」といって中国では理想的な政権交代とされました。譲られた舜は、はじめは親孝行で有名だったので、政治をになう人として推薦されたのです。といっても、舜の先祖は、本章のはじめに紹介した黄帝の孫の顓頊《せんぎょく》でしたから、決して卑しい身元だったとはいえません。参考までに『十八史略』にみえる「五帝の系譜」を図にしましたので、みて下さい。黄帝から秦《しん》まで帝位についたのはみな同じ黄帝の子孫たちです。

では黄帝の子孫ならば、だれでも譲られるか、というとそうではありません。本文にあるとおり孝行、それは親や兄弟への無私の情愛の実行ですが、舜の場合、その条件はたいへん厳しいものでした。母がはやく死に、父は後妻の言うまま弟の象《しょう》をかわいがって舜につらくあたりました。本文では「つねづね殺そうとした」とあるだけですが、漢

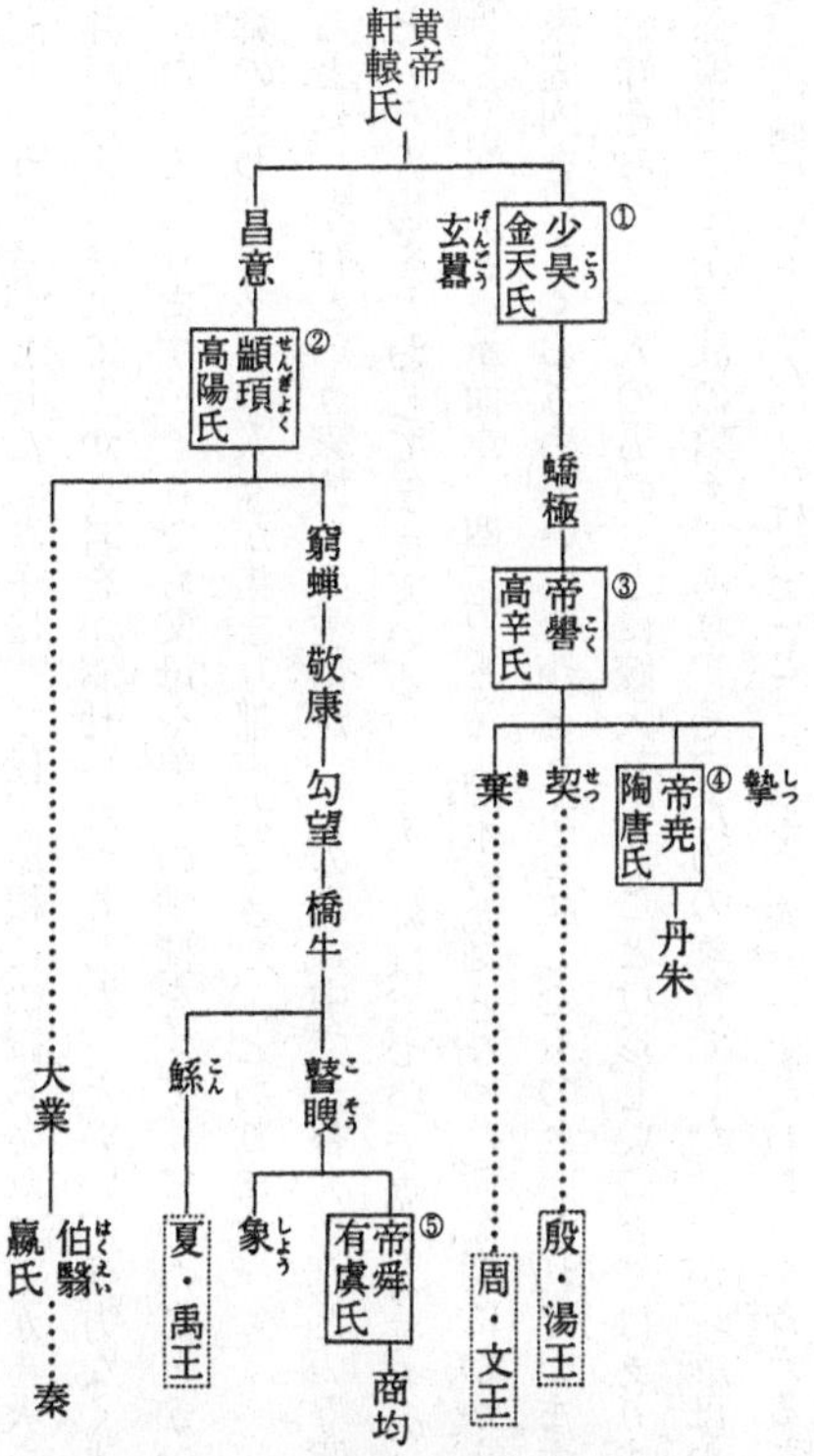

五帝の系譜（□五帝，□三代三王）

代に劉向《りゅうきょう》という学者が著した『孝子《こうし》伝《でん》』では、屋根にのぼらされて下から火をつけられたり、井戸に入らされて上から岩をかぶせられたりした、といい、仕方なく逃げだし歴山に至った、とあります。それでも父母や弟への愛情をすてずにいたことがひろく知られて、舜のまわりに多くの人々が集まり都市ができた、とあります。

　このことは、孝行という家族への愛情が、この世の中で一番大切だという儒教の教えを、舜という人物をとおして伝えているのです。舜は、ついで尭から二人の娘（名を娥《が》黄《こう》と女英《じょえい》といい、のちに第四章［四］のように湘水《しょうすい》の女神となった）を妻にむかえています。これも家庭内をうまくおさめていけるかどうかを試したものといわれています。古代中国では姉妹そろって一人の男のもとに嫁入りすることは珍しいことではありませんでした。子孫繁栄こそが家族の栄えであり、そのための孝行でした。だから継母《けいぼ》や二人《ふたり》妻《づま》でも家庭が円満にいとなんでゆけること（これを「斉家《せいか》」すなわち家を斉《ととの》えるといい、「治《ち》国《こく》」の前提とされます）、その事を舜は上手《じょうず》にできた、というのは、人間社会の最も肝心なことがクリアーできたという意味になり、帝位を譲られる前提条件としては十分な要件だったのです。

　こうして帝位についた舜が、四人の悪人を追放し八人の善人を登用して政治をまかせたまま、自分は「五絃の琴をひき、南風の詩《うた》をうたって」いて、うまく治まった、というのは、その前提としての家族の情愛が完璧に実行されていたからにほかなりません。そうした意味づけで「南風の詩を歌って、天下治まる」（陸賈《りくか》『新語《しんご》』無為篇）という伝承がなされました。

◆帝舜有虞氏姚姓。或曰、名重華。瞽瞍之子、顓頊六世孫也。父惑二於後妻一、愛二少子象一、常欲レ殺レ舜。舜尽二孝悌之道一、烝烝乂不レ格レ姦。畊二歴山一、民皆譲レ畔、漁二雷沢一、人皆譲レ居、陶二河浜一、器不二苦窳一。所レ居成レ聚、二年成レ邑、三年成レ都。堯聞二之聡明一、挙二於畎畝一、妻以二二女一。曰二娥黄・女英一。釐二降于嬀汭一。遂相レ堯摂レ政。放二驩兜一、流二共工一、殛レ鯀、竄二三苗一。挙二才子八元八愷一、命二九官一、咨二十二牧一。四海之内、咸戴二舜功一。弾二五絃之琴一、歌二南風之詩一、而天下治。詩曰、南風之薫兮、可三以解二吾民之慍一兮。南風之時兮、可三以阜二吾民之財一兮。時景星出、卿雲興。百工相和而歌曰、卿雲爛兮、糺縵縵兮。日月光華、旦復旦兮。舜子商均不肖。乃薦二禹於天一。舜南巡狩、崩二於蒼梧之野一。禹即レ位。

［六］禹《う》　外に居ること十三年、家門を過ぐるも入らず

夏后氏禹《かこうしう》、姒姓《じせい》なり。或《ある》いは曰《いわ》く、名《な》は文命《ぶんめい》と。鯀《こん》の子《こ》、顓頊《せんぎょく》の孫《まご》なり。鯀《こん》、洪水《こうずい》を湮《ふさ》ぐ。舜《しゅん》、禹《う》を挙《あ》げ鯀《こん》に代《かわ》らしむ。身《み》を労《ろう》し思《おもい》を焦《こが》し、外《そと》に居《い》ること十三年《じゅうさんねん》、家門《かもん》を過《す》ぐるも入《はい》らず。陸行《りくこう》には車《くるま》に乗《の》り、水行《すいこう》には船《ふね》に乗《の》り、泥行《こう》には橇《そり》に乗《の》り、山行《さんこう》には欙《かんじき》に乗《の》り、九州《きゅうしゅう》を開《ひら》き、九道《きゅうどう》を通《つう》じ、九沢《きゅうたく》を陂《せきと》め、九山《きゅうざん》を度《はか》る。

厥《そ》の成功《せいこう》を告《つ》ぐ。舜《しゅん》、之《これ》を嘉《よみ》し、百官《ひゃつかん》を率《ひき》いて天下《てんか》の事《こと》を行《おこな》わしむ。舜崩《しゅんほう》じて、乃《すなわ》ち位《くらい》を践《ふ》む。声《こえ》は律《りつ》たり、身《み》は度《ど》たり。準縄《じゅんじょう》を左《ひだり》にし、規《き》矩を右《みぎ》にす。一饋《いっき》に十《じつ》たび起《た》ち、以《もっ》て天下《てんか》の民《たみ》を労《いたわ》る。出《い》でて罪人《ざいにん》を見《み》、車《くるま》を下《お》り問《と》いて泣《な》きて曰《いわ》く、「尭舜《ぎょうしゅん》の人《たみ》は、尭舜《ぎょうしゅん》の心《こころ》を以《もっ》て心《こころ》と為《な》す。寡人君《かじんきみ》と為《な》るや、百《ひゃく》

姓《せい》各《おの》おの自《みずか》ら其《そ》の心《こころ》を以《もつ》て心《こころ》と為《な》す。寡人《かじん》、之《これ》を痛《いた》む」と。古《いにし》えに醴酪《れいらく》あり。禹《う》の時《とき》に至《いた》りて、儀狄《ぎてき》、酒《さけ》を作《つく》る。禹《う》飲《の》みて之《これ》を甘《うま》しとし、曰《いわ》く、「後世《こうせい》必《かなら》ず酒《さけ》を以《もつ》て国《くに》を亡《ほろ》ぼす者《もの》あらん」と。遂《つい》に儀狄《ぎてき》を疏《うと》んず。九牧《きゆうぼく》の金《きん》を収《おさ》めて九鼎《きゆうてい》を鋳《い》る。三足《さんそく》を三徳《さんとく》に象《かたど》り、以《もつ》て上帝鬼神《じようていきしん》を享《きよう》す。諸侯《しよこう》を塗《と》山《ざん》に会《かい》す。玉帛《ぎよくはく》を執《と》る者《もの》万国《ばんこく》。禹《う》、江《こう》を済《わた》る。黄竜《こうりゆう》、舟《ふね》を負《お》う。舟中《しゆうちゆう》の人《ひと》懼《おそ》る。禹《う》、天《てん》を仰《あお》ぎ歎《たん》じて曰《いわ》く、「吾《われ》、命《めい》を天《てん》に受《う》け、力《ちから》を竭《つく》して万民《ばんみん》を労《ねぎら》う。生《せい》は寄《き》なり、死《し》は帰《き》なり」と。竜《りゆう》を視《み》ること猶《な》お蝘蜓《えんてい》のごとく、顔色《がんしよく》変《へん》ぜず。竜《りゆう》、首《くび》を俛《ふ》し尾《お》を低《た》れて逝《ゆ》く。南巡《なんじゆん》して会稽山《かいけいざん》に至《いた》りて崩《ほう》ず。子《こ》の啓《けい》、賢《けん》にして、能《よ》く禹《う》の道《みち》を継《つ》ぐ。禹《う》、嘗《かつ》て益《えき》を天《てん》に薦《すす》む。謳歌《おうか》し朝観《ちようきん》する者《もの》、益《えき》に之《ゆ》かずして啓《けい》に之《ゆ》き、曰《いわ》く、「吾《わ》が君《きみ》の子《こ》なり」と。啓《けい》、遂《つい》に立《た》つ。

夏后氏《かごうし》禹《う》は、姒《じ》が姓《せい》である。一説に名が文命《ぶんめい》だったという。鯀《こん》の子、顓頊《せんぎよく》の孫である。鯀《こん》は大洪水を塞《ふさ》ごうとしたがうまくいかず、途中で帝舜は禹を起用して鯀《こん》を更迭《こうてつ》した。禹《う》はみずから苦労と思索をかさね、外廻りばかりで十三年間すごした。その間、家の前を通っても中に入らなかった。地上では車に乗り、水上では船に乗り、泥の中では河ぞりをつかい、山登りにはかんじきをはいて、全国の九本の河川《かせん》を排水し、その道を通し、沢《さわ》に築堤し、山を測量して大洪水を治めた。

こうして、禹がその成功を報告すると、舜は彼をほめたたえ、彼に百官を率いて天下の政治を代行させた。舜が崩御すると、禹は天子の位についた。禹の声は、そのまま音階の基準にかない、身の振舞いは作法の手本となった。墨縄《すみなわ》を左手に、定規《じょうぎ》を右手に持って働きつづけた。一回の食事中に十回も腰をあげてたち、天下の人々をいたわった。街に出て罪人をみかけると下車して、わけを問いただし涙をながしてこう言った。

「尭舜の世に生きた民たちは、尭舜の心を心としてうまく治まっていたが、寡人《わたし》が君主となってからは、民百姓がめいめい自分の心を心とするようになった。寡人は、これがいたたまれないのだ」。

むかしから醴酪《れいらく》という甘酒《あまざけ》はあったが、禹の時になって儀狄《ぎてき》という者がはじめて酒を醸造《じょうぞう》した。禹はこれを飲んでうまいと感じたものの「後世、必ず酒で国を亡ぼす者があらわれるであろう」と思い、やがて彼を疎《うと》んじた。

禹は、全国九州の牧官《ぼくかん》に金《きん》（銅《どう》のこと）をあつめさせて、「九鼎《きゅうてい》」という鼎《かなえ》を鋳造した。鼎の三本足は正直と剛《ごう》と柔《にゅう》の三徳を象徴させ、これで上帝たる鬼神を祭祀した。

禹が諸侯を寿春の北の塗山《とざん》という国にあつめた時、礼品の宝玉や、帛《しろぎぬ》を持参して来会した諸侯は、一万にものぼった。

あるとき禹が長江を渡ろうとすると、黄色い竜があらわれて背で舟をもち上げ、舟は転覆しかけた。そのために舟の中の人は、恐れおののいたが、禹ひとり、天を仰ぎ感きわまり「私は天命を受けて王となり、努力して万民を慰労してきた。この生は、寄《かりそめ》のもの、死こそ帰りゆくところだから、何の畏れもないぞ」といい、竜を、まるでとかげのように見下し、顔色ひとつ変えなかった。そのため竜は首をたれ尻尾《しっぽ》をまいて去ってしまった。

禹は南方に巡狩し、浙江省の会稽山《かいけいざん》に至って崩御した。

禹の子啓《けい》は、賢く、ちゃんと禹の精神をひきついで（帝位につ）いた。禹は、生前、臣下で評価のたかい益《えき》という者を天に推薦して禅譲《ぜんじょう》しようとした。ところが、禹の恩恵によくして、それを謳歌《おうか》した者たちは、朝廷に出てきても益のもとに行かずに子の啓のもとに集って「帝王にふさわしいのは、わが大殿様のお子ですぞ」と言いあった。そこでとうとう啓が帝位についたのである。

❖❖❖❖

禹は、はじめ夏という土地の君主に封《ほう》ぜられたので、「夏后氏《かこうし》」（后《こう》は君や王と同じ意味）といい、帝位についたあとの王朝名も「夏王朝《かおうちょう》」といいます。父の鯀《こん》は、堯のもとで九年間も治水にあたりましたが、成功せず、禹に代えられ、舜のもとで刑に処せられてしまいました。代わった禹は、十三年間にわたり自分の肉体と精神の限りを尽くして奮闘しました。その象徴的な表現が「外に居ること十三年、家門を過ぐるも入らず」の一句です。おかげで、「九州を開き、九道を通じ、九沢を陂《せきと》め、九山を度《はか》る」ことができ、ここに中国を九州（九地区。詳しくは「禹貢総九州図」を参照）に分ける地理書「禹貢」（いま『書経』夏書に所収）が完成しました。以来「九州」といえば中国全土をさすようになりました。つまり禹は中国地理学の創始者でもあります。

この禹の治水説話は、また中国大陸の各地で農耕を営むうえで、きわめて重要な意味をもちます。中国では「水を治める者が王になる」と言われるとおり、水の確保が国民の生命である農業生産を保障するばかりか、国家社会の安定を可能にするからです。

そもそも「禹」の字の原形は、白川静『字通』によれば、竜が二匹いる形で水神を表したものです。禹の伝説の最後にみえる長江を渡ったとき黄色い竜が現われて、禹の舟をもち上げた話は、禹が「生は寄《き》なり、死は帰《き》なり」の一語で、竜が退散したように読

夏王朝系統図

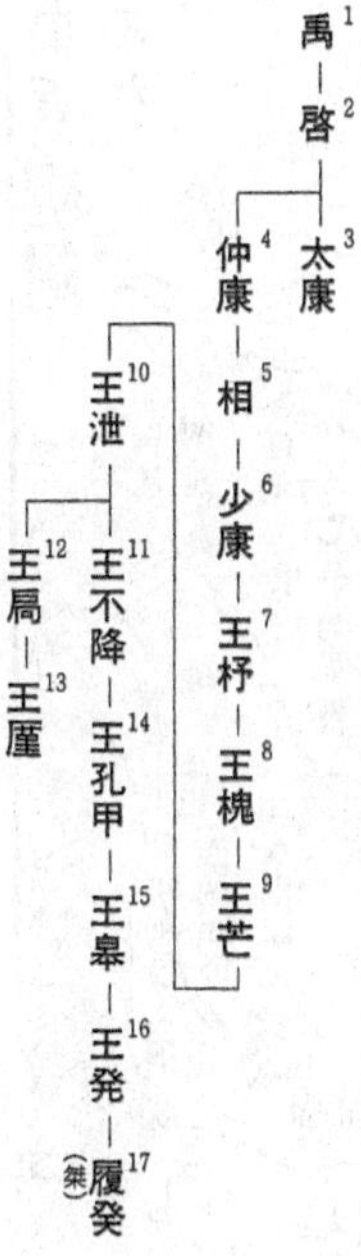

禹貢總圖

太原
冀
東西河
南河北
西河東
恒山
恒
衛
碣石
狐岐
呂梁
大陸澤
漳
太岳
岳陽
太行
孟津
兗
東南據濟
西北距河
雷夏澤
汶
青
東北據海
西南距岱
岱山
濰
淄
徐
東至海
北至岱
南及淮
豫
北距河南
西南至荊
伊
洛
大野澤
菏澤
陶丘
孟豬
沂
泗
淮
羽山
揚
北據淮
南距海
震澤
大別
外方
桐柏
雲夢
九江
衡山
敷淺原
彭蠡
東陵

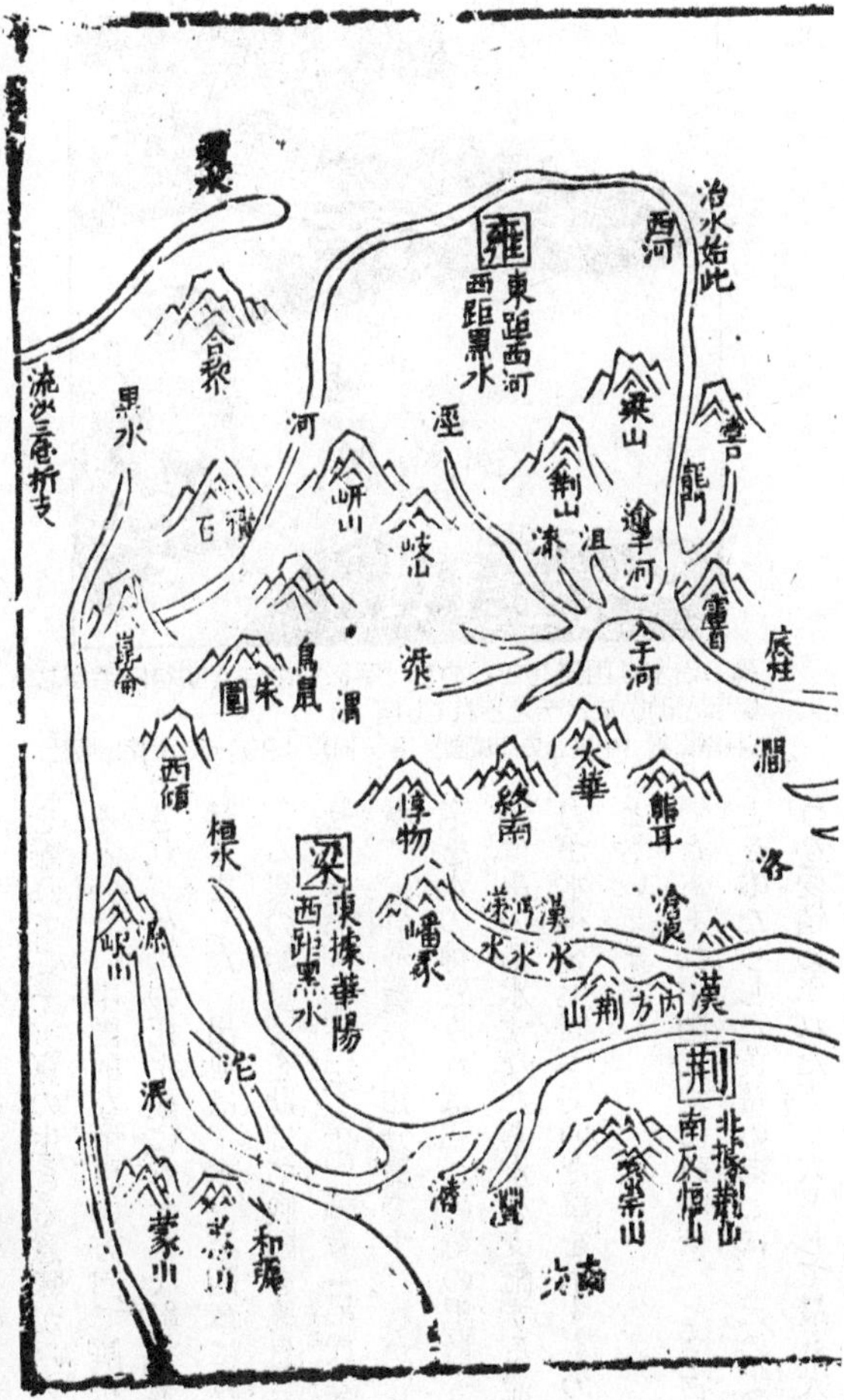

禹貢総九州図（『三才図会』）

□内が九州の名称

禹の治水は困難をきわめた。手につめなくすねに毛がないほど働いたと伝えられている。
（林獣召編『中国通史連環画』（第一冊）、1991年、海南出版社）

めます。事実、この一語は生死の執着を離れてこそ、真の生きる意味がみえるという、中国的な解脱《げだつ》の方向で解釈され、後世の死生観にも大きな影響を与えました。出典は、本書第四章にみえる秦の始皇帝を助けて戦国を終息させた秦の宰相呂不韋《りょふい》の編著『呂氏春秋《りょししゅんじゅう》』（恃君覧《じくんらん》第八）知分篇《ちぶんへん》です。しかし、竜を水の神とみれば、この竜の退散も、実は禹の治水すなわち水を支配する能力が水神を上回っていた事を示すものともいえます。

　ともあれ中国大地に政治統一と文物とをもたらした黄帝《こうてい》のあとに、天のような愛情あふれた尭《ぎょう》、人として最も大切な孝の実行者の舜《しゅん》、そして地上の生活で最も必要な水を治めた禹、この中国歴史のはじめに現れた聖人君主たちは、みな人間社会の基本となる要素を典型的に表示していて、一種の創世神話となっているとみてよいでしょう。

◆夏后氏禹姒姓。或曰名文命。鯀之子、顓頊孫也。鯀湮二洪水一。舜挙レ禹代レ鯀。労レ身焦レ思、居レ外十三年、過二家門一不レ入。陸行乗レ車、水行乗レ船、泥行乗レ橇、山行乗レ檋、開二九州一、通二九道一、陂二九沢一、度二九山一。

告二厥成功一。舜嘉レ之、使下率二百官一行中天下事上。舜崩、乃践レ位。声為レ律、身為レ度。左二準縄一、右二規矩一。一饋十起、以労二天下之民一。出見二罪人一、下レ車問而泣曰、尭舜之人、以二尭舜之心一為レ心。寡人為レ君、百姓各自以二其心一為レ心。寡人痛レ之。

古有二醴酪一。至二禹時一、儀狄作レ酒。禹飲而甘レ之、曰、後世必有二以レ酒亡レ国者一。遂疏二儀狄一。

収二九牧之金一、鋳二九鼎一。三足象二三徳一、以享二上帝鬼神一。

会二諸侯於塗山一。執二玉帛一者万国。

禹済レ江。黄竜負レ舟。舟中人懼。禹仰レ天歎曰、吾受二命於天一、竭レ力而労二万民一。生寄

也、死帰也。視レ竜猶二蝘蜓一、顔色不レ変。竜俛レ首低レ尾而逝。南巡至二会稽山一而崩。子啓賢能継二禹道一。禹嘗薦二益於天一。謳歌朝覲者、不レ之レ益而之レ啓、曰、吾君之子也。啓遂立。

◆中国の竜

竜《りゅう》は「たつ」ともいい、中国では鹿のような頭に五本のツメをもつ手足をつけた蛇を意味します。西洋の「ドラゴン」は、羽根のある恐竜で、どちらかと言えば害獣とされますが、中国では鳳凰《ほうおう》や麒麟《きりん》（鹿の頭をつけた馬）と同類の想像上の動物で、最高の霊獣《れいじゅう》です。

本書の第一章にみえる黄帝《こうてい》の説話に、地上でよい政治をした彼のもとに、天から竜がおりてきて天に迎え入れたとあります。また第二章には、天から降った竜を飼育する役目の「御竜氏《ぎょりゅうし》」がいたという話があり、その死後も「泡」を保存したという、それが不思議な霊力をもっていました。これらをみると竜は地上と天上を結ぶ特別な存在であったのです。

山西省には「竜門《りゅうもん》」という地名があります。黄河上流の急流として有名な場所で鯉がここまできて、その急流を登りきると竜になったと伝えられています。そこから出世のきっかけになる場所を「登竜門」というようになりました。人としての最高の地位は、皇帝ですが、皇帝の衣にはこの五本のツメの竜が描かれています。

こうした中国の竜の由来は古く、図のように古代の土器にもすでにそれらしき動物が描かれています。今日では、古代民族の蛇やトカゲなど動物のトーテムが、古代人の願望や想像力と複雑にからみあって生まれたものだと言われますが、実際のところはよく分かりません。どうも「竜頭蛇尾《りゅうとうだび》」で、しまらない話になりました。

土器文様（仰韶文化）

土器文様（夏家店下層出土）

土器文様（二里頭文化）

（アジア民族造形文化研究所編『アジアの龍蛇』、1992年、雄山閣、134頁より）

第二章　聖君から暴君へ

聖人が君主として政治をした時代は、帝位が「禅譲《ぜんじょう》」されて黄帝から尭、舜、禹と続きましたが、禹の時に、その民の心は「尭舜のときとは異なって」きたとあり、次第に悪いほうへ向かい始めていました。しかし、禹の開いた夏王朝《かおうちょう》は、その子の啓《けい》に世襲されて、四百三十二年も続いたと『十八史略』には記されています。

この夏王朝の末期の状況と最後の十七代桀王《けつおう》のとき、新しく台頭した殷の湯王《とうおう》によって武力で倒されるまでを、まず紹介します。この帝位の交代を「革命」といいます。革とは改めることで、天から認められた支配者としての命(任務)が、新しい聖人君主に移り変わったのです。

その新しい殷《いん》(「商《しょう》」とも)王朝は、三十一代、六百二十九年間続いて、周《しゅう》と交代します。この時も殷の最後の紂王《ちゅうおう》は、周の武王《ぶおう》によって武力討伐されます。こうした武力による革命の背後には、桀王や紂王に代表される暴君が、人の上に立ってリードするのに必要な徳を失い、民の苦しみをよそに自分たちだけの快楽に浸っていた、と史書に記録されています。しかもそこには、君主をそうした道に誘いこんだ女性がいました。それが夏の桀王《けつおう》の「末喜《まつき》」、殷の紂王の「妲己《だつき》」、周の幽王《ゆうおう》の「褒姒《ほうじ》」の三人です。ともに王朝の命運や伝統を絶ってしまいました。

［一］夏《か》の桀王《けつおう》　一鼓《いっこ》して牛飲《ぎゅういん》する者三千人

王孔甲《おうこうこう》、鬼神《きしん》を好《この》み、淫乱《いんらん》を事《こと》とす。夏《か》の徳《とく》、衰《おとろ》う。天《てん》、二竜《にりゅう》を降《くだ》す。雌雄《しゆう》あり。陶唐氏《とうとうし》の後《のち》に劉累《りゅうるい》という者《もの》あり。竜《りゅう》を擾《なら》すを学《まな》び、以《もっ》て孔甲《こうこう》に事《つか》う。之《これ》に姓《せい》を賜《たま》いて御竜氏《ぎょりゅうし》という。竜《りゅう》の一雌《いっし》死《し》す。潜《ひそか》に醢《ししびしお》にし、以《もっ》て孔甲《こうこう》に食《くら》わしむ。復《ま》た之《これ》を求《もと》む。累《るい》、懼《おそ》れて逃《のが》る。

孔甲《こうこう》の後《のち》、王皐《おうこう》・王発《おうはつ》・王履癸《おうりき》を歴《へ》、号《ごう》して桀《けつ》と為《な》す。貪虐《どんぎゃく》なり。力《ちから》能《よ》く鉄鉤索《てっこうさく》を伸《の》ぶ。有施氏《ゆうしし》を伐《う》つ。有施《ゆうし》、末喜《まつき》を以《もっ》て女《めあ》わす。寵《ちょう》あり、言《い》う所《ところ》皆《みな》従《したが》う。傾宮瑤台《けいきゅうようだい》を為《つく》り、民財《みんざい》を殫《つ》くす。肉山脯林《にくざんほりん》、酒池《しゅち》は以《もっ》て船《ふね》を運《うごか》すべく、糟堤《そうてい》は以《もっ》て十里《じゅうり》を望《のぞ》むべし。一鼓《いっこ》して牛飲《ぎゅういん》する者三千人《ものさんぜんにん》。末喜《まつき》、以《もっ》て楽《たの》しみと為《な》す。国人《こくじん》、大《おおい》に崩《くず》る。湯《とう》、夏《か》を伐《う》つ。桀《けつ》、鳴條《めいじょう》に走《はし》りて死《し》す。夏《か》、天子《てんし》たること、一十有七世《いちじゆうゆうしちせい》、凡《およ》そ四百三十二年《よんひやくさんじゆうにねん》。

　夏《か》の（十四代の）王孔甲《おうこうこう》は、あやしい鬼神を好んで、女性関係も淫乱《いんらん》だったので、夏《か》王朝《おうちよう》の道徳《どうとく》はすっかり衰えた。このとき、天は雌雄二匹の竜を降下させていましめようとした。帝尭陶唐氏《ていぎようとうとうし》の子孫で劉累《りゆうるい》という者が竜を飼育する方法を学んでいたので、夏王の孔甲《こうこう》に仕えてこれを飼った。孔甲はそこで彼に御竜氏《ぎよりゆうし》という姓をあたえた。のち、竜の雌《めす》一匹が死んだので、だまってその肉を塩づけにして孔甲《こうこう》に食べさせた。すると孔甲はもっと食べたいと要求した。劉累は、ことがバレるのを懼《おそ》れて逃亡した。

　孔甲の後に、王皐《おうこう》・王発《おうはつ》・王履癸《おうりき》が順次即位したが、（夏の十七代の）王履癸《おうりき》は桀《けつ》王といわれ、貪欲《どんよく》で暴虐《ぼうぎやく》、自分の手でまがった鉄の鎖《くさり》を伸ばしてしまうほどの力持ちだった。有施氏《ゆうしし》を討伐したとき、有施氏《ゆうしし》は末喜《まつき》という女性をさし出した。彼女は寵愛され、彼女が言ったことに、桀王は全部したがった。そのために桀王は傾宮《けいきゅう》という宝玉をちりばめた宮殿や瑤台《ようだい》という宝石《ほうせき》で飾った楼台《ろうだい》を建て、人民《じんみん》の財産をしぼり取った。生肉《なまにく》の山《やま》や、乾肉《ほしにく》の林をつくり、船が浮くほど大きな酒の池をつくり、酒糟《さけかす》の長い堤防が十里もみわたせるほどであった。この酒の池で、一度の太鼓の合図で牛のように口をつけて酒を飲む者が三千人もいた。末喜《まつき》はこれをみておおいに楽しんだ。人々の気持ちはすっかり夏王朝から離れてしまった。殷《いん》の湯王《とうおう》がこの夏の桀《けつ》王を伐《う》った。桀王は鳴條《めいじょう》の地に逃げこみそこで死んだ。夏王朝の天子は十七代つづき、その在位年数は四百三十二年であった。

❖　❖　❖　❖

禹王からはじまった夏王朝は、まだ実在が確かめられたわけではありませんが、十七代、四百三十二年続いたと『十八史略』にはあります。このことは『史記』夏本紀にはなく、宋代の歴史家劉恕《りゅうじょ》『資治通鑑外紀《しじつがんがいき》』夏商紀《かしょうき》にみえ、これによったものです。その間に王の徳が衰えて滅びかけたことが、二度あったといいます。本文では、その二度目の王孔甲《こうこう》の時と三度目つまり本当に王朝を滅亡させた王履癸《りき》（いわゆる「桀王《けつおう》」）の記録を紹介しました。一度目は、第五代の王相《そう》と第六代の王少康《しょうこう》の間のことで数十年間にわたって臣下に王権を奪い取られていましたが、最後には取り戻しています。

さて第十四代の王孔甲は、「鬼神を好み、淫乱を事とす」とあるだけですが、不思議なことにそのおりに天から二匹の竜がおりてきて、この竜を飼育できた劉累《りゅうるい》に「御竜《ぎょりゅう》氏《し》」という姓が与えられたといいます（この話は、もと『春秋左氏伝』昭公二九年にみえます）。この竜の後日譚《ごじつたん》が、本章の末尾［五］周の幽王の項に出てくる笑わない美女褒《ほう》姒《じ》の出生にかかわります。その点を含んで、ここに紹介しました。

夏王朝の最後にあたる王履癸は、通称「桀王《けつおう》」といいます。王朝の命脈《めいみゃく》を断った暴君としては、次の殷王朝の最後に現われた「紂王《ちゅうおう》」とあわせて「桀紂《けっちゅう》」と併称され、聖人君主の代表である「尭舜《ぎょうしゅん》」の正反対の人物として、中国史の中では象徴的な存在となりました。

この桀紂二王は、国民に重税をかけて苦しめ、財宝を集めたり宮殿を建てたり「肉の林や酒の池」（これを「酒池《しゅち》肉林《にくりん》」といいます）を作って楽しんだとあります。「一鼓《いっこ》して牛飲《ぎゅういん》する者三千人」とは、その度はずれた状況を示す言葉です。

こうした暴虐政治に対して、国民の救済を願って武力で立ち向かう人が、現われるのは当然です。ただしそれが天から認められて新しく帝位を得《え》る、つまり「革命」として認められるには、厳しい関門がありました。次にその代表的な革命の成功者である殷《いん》の湯王《とうおう》と周《しゅう》の文王《ぶんおう》・武王《ぶおう》とをみてみましょう。

なお亡ぼされた夏王朝の一族は、のち河南省にある杞《き》国に移され、この地の諸侯として春秋時代まで存続し、「杞憂《きゆう》」（杞国の人が天が崩れたらどうしようかと心配した故事）を残しています。

◆王孔甲、好二鬼神一、事二淫乱一。夏徳衰。天降二二竜一。有二雌雄一。陶唐氏之後、有二劉累者一。学レ擾レ竜、以事二孔甲一。賜二之姓一、曰二御竜氏一。竜一雌死。潜醢以食二孔甲一。復求レ之。累懼而逃。

孔甲之後、歴二王皐・王発・王履癸一、号為レ桀。貪虐。力能伸二鉄鉤索一。伐二有施氏一。有施以二末喜一女焉。有レ寵、所レ言皆従。為二傾宮瑤台一、殫二民財一。肉山脯林、酒池可二以運レ船、糟堤可三以望二十里一。一鼓而牛飲者三千人。末喜以為レ楽。国人大崩。湯伐レ夏。桀走二鳴條一而死。夏為二天子一十有七世、凡四百三十二年。

〔二〕殷《いん》の湯王《とうおう》 命《めい》を用いざる者は、吾が網に入れ

殷王成湯《いんおうせいとう》、子姓《しせい》、名《な》は履《り》。其《そ》の先《さき》を契《せつ》と曰《い》う。帝嚳《ていこく》の子《こ》なり。母簡狄《ははかんてき》、有娀《ゆうじゅつ》氏《し》の女《むすめ》なり。玄鳥《げんちょう》の卵《たまご》を堕《おと》すを見《み》て、之《これ》を呑《の》み、契《せつ》を生《う》む。唐虞《とうぐ》の司徒《しと》となり、商《しょう》に封《ほう》ぜられ、姓《せい》を賜《たま》う。昭明《しょうめい》・相士《しょうし》・昌若《しょうじゃく》・曹圉《そうご》に伝《つた》え、冥《めい》と曰《い》い、振《しん》と曰《い》い、微《び》と曰《い》い、報丁《ほうてい》・報乙《ほういつ》・報丙《ほうへい》・主壬《しゅじん》・主癸《しゅき》と曰《い》う。主癸《しゅき》の子《こ》天乙《てんいつ》、是《これ》を湯《とう》と為《な》す。始《はじ》めて亳《はく》に居《お》り、先王《せんおう》の居《きょ》に従《したが》う。

人《ひと》をして幣《へい》を以《もっ》て伊尹《いいん》を莘《しん》に聘《へい》せしめ、之《これ》を夏桀《かけつ》に進《すす》む。用《もち》いず。尹《いん》、湯《とう》に復帰《ふっき》す。桀《けつ》、諫者関竜逢《かんじゃかんりゅうほう》を殺《ころ》す。湯《とう》、人《ひと》をして之《これ》を哭《こく》せしむ。桀怒《けついか》り、湯《とう》を召《め》して、夏台《かだい》に囚《とら》う。已《すで》にして釈《ゆる》さるるを得《う》。

湯出《とうい》づ。網《あみ》を四面《しめん》に張《は》りて之《これ》を祝《しゅく》するものあるを見《み》る。曰《いわ》く、「天《てん》より降《くだ》り、

地《ち》より出《い》で、四方《しほう》より来《きた》る者《もの》は、皆吾《みなわ》が網《あみ》に罹《かか》れ」と。湯曰《とういわ》く、「嘻《ああ》、之《これ》を尽《つ》くせり」と。乃《すなわ》ち其《そ》の三面《さんめん》を解《と》きて、改《あらた》めて祝《しゅく》して曰《いわ》く、「左《ひだり》せんと欲《ほっ》すれば左《ひだり》せよ、右《みぎ》せんと欲《ほっ》すれば右《みぎ》せよ、命《めい》を用《もち》いざる者《もの》は、吾《わ》が網《あみ》に入《い》れ」と。諸侯《しょこう》、之《これ》を聞《き》きて曰《いわ》く、「湯《とう》の徳《とく》、至《いた》れり、禽獣《きんじゅう》に及《およ》ぶ」と。

伊尹《いいん》、湯《とう》を相《たす》けて、桀《けつ》を伐《う》ち、之《これ》を南巣《なんそう》に放《はな》つ。諸侯《しょこう》、湯《とう》を尊《とうと》び天子《てんし》と為《な》す。大《おお》いに旱《ひでり》すること七年《しちねん》、太史《たいし》、之《これ》を占《せん》して曰《いわ》く、「当《まさ》に人《ひと》を以《もっ》て禱《いの》るべし」と。湯曰《とういわ》く、「吾《わ》が為《ため》に請《こ》う所《ところ》の者《もの》は、民《たみ》なり。若《も》し必《かなら》ず人《ひと》を以《もっ》て禱《いの》らば、吾請《われこ》う、自《みずか》ら当《あた》らん」と。遂《つい》に斎戒《さいかい》して爪《つめ》を剪《き》り髪《かみ》を断《た》ち、素車白馬《そしゃはくば》、身《み》に白茆《はくぼう》を嬰《つ》け、身《み》を以《もっ》て犠牲《ぎせい》と為《な》し、桑林《そうりん》の野《や》に禱《いの》り、六事《りくじ》を以《もっ》て自《みずか》ら責《せ》めて曰《いわ》く、「政《せい》、節《せつ》あらざるか。民《たみ》、職《しょく》を失《うしな》えるか。宮室《きゅうしつ》、崇《たか》きか。女謁《じょえつ》、盛《さかん》なるか。苞苴《ほうしょ》、行《おこな》わるるか。讒夫《ざんぷ》、昌《さかん》なるか」と。言未《げんいま》だ已《や》まざるに、大《おお》いに雨《あめ》ふること数千里《すうせんり》。

殷《いん》王成湯《せいとう》は、子《し》が姓《せい》で、名を履《り》といった。先祖を契《せつ》といい、帝嚳《ていこく》の子であった。母の簡狄《かんてき》は、有娀氏《ゆうじゆうし》の娘で、玄鳥《げんちょう》が堕《おと》した卵をのんで妊娠し契《せつ》を生んだ。契《せつ》は、尭舜《ぎようしゆん》の司徒《しと》の官につき商《しよう》に封地《ほうち》をもらって子《し》という姓《せい》を賜《たま》わった。のち昭明《しようめい》・相士《しようし》・昌若《しようじやく》・曹圉《そうご》に伝え、さらに冥《めい》・振《しん》・微《び》・報丁《ほうてい》・報乙《ほういつ》・報丙《ほうへい》・主壬《しゆじん》・主癸《しゆき》という者をへて、主癸の子の天乙《てんいつ》に到った。これが湯王《とうおう》である。湯は、はじめて河南省の亳《はく》の地を都とした。この地は、先祖がむかし居住したところ（で商よりここに移ったの）である。

これよりさき湯は、人をたてて礼物をもたせ莘国《しんこく》にいた賢者の伊尹《いいん》を招き、夏《か》の桀《けつ》王に仕えるように勧めたが、桀王は用いなかった。そこで伊尹は湯の臣下になった。暴虐な桀王が自分を諫めた関竜逢《かんりゆうほう》を殺害した。湯は人をたてて関竜逢のために泣いて哀悼の意を示した。桀はこれに激怒し、湯を召し出して夏台《かだい》の牢獄に幽閉した。その後、湯は許されて釈放された。

ある日、湯が外出すると、とり網《あみ》を四方に張《は》りめぐらせた狩人が、「天より降《くだ》り、地より出て、四方より来たるものどもよ、みなわが網にかかれ」という呪文を唱えていた。湯はこれをみると、「ああ、これではとり尽くされてしまう」と言って、その三方を除き、呪文も変えて「左へ行く者は左へいけ、右へ行く者は右へいけ、この命令が聴《き》けないものは、わが網に入れ」と言わせた。諸侯はこの話を聞くと「湯の仁徳は、最高だ。鳥や獣にまで行きわたっている」と感嘆した。

やがて伊尹は湯を助けて、暴虐な桀を討ち、これを破って南巣《なんそう》に追放した。すると諸侯は湯をうやまい、彼を天子とした。

湯王が即位すると、七年間もひどい日でりが続いた。太史《たいし》の官が雨乞いの方法を占って「人を犠牲にささげて祈るべきです」と言上した。湯王はこれを聞くと「雨乞いするのは人民のためである。もし人を犠牲にして祈るべきだというのなら、自分を犠牲にしてもらいたい」と言って、とうとう斎戒《さいかい》して身を潔め、爪と髪を切り、白木造りの車を白い馬にひかせ、白い茆《ちがや》の粗衣《そい》をまとい、自身を犠牲として桑林《そうりん》の野《や》にて雨乞いの祈りをささげた。そのおり次の六項目を述べて自分を責めた。

「私の政治に節度がなかったのでしょうか、人民が職を失っていたのでしょうか、宮殿宮室が高すぎたのでしょうか、婦女の要求が度を越していたのでしょうか、賄賂《わいろ》が流行していたのでしょうか、陰口《かげぐち》が非度《ひど》かったのでしょうか」。

その言葉が終わらないうちに大雨が数千里にわたって降りそそいだ。

❖❖❖❖

殷王朝を開いた湯王は、ここには姓を子《し》といい、名を履《り》といったとありますが、『史記』殷本紀《いんほんぎ》では名は「天乙《てんいつ》」とあり、どちらが正しいかわかりません。彼の先祖を契《せつ》といい、契の父は帝嚳《ていこく》です。つまり聖人帝尭と契とは兄弟だったのです。母の簡狄《かんてき》が玄《げん》鳥《ちょう》の卵を飲んで、その後に契を生んだといいます。この話は、孔子が編纂した『詩経《しきょう》』商頌《しょうしょう》篇の「玄鳥」という詩に「天、玄鳥に命じ、降りて商を生む」とあるのをとっていいます。玄は黒色のこと、玄鳥とは鳦《いつ》（つばめ）のことです。つばめが落とした卵を飲みこんだ後に契を生んだというのは、その出生が凡人とは違っていて、ある種の天の意志に対応して生まれたことを意味します。こうした話を「感応説話《かんおうせつわ》」といい、この後の聖人君主の出生を語る時には、類似した話がついてまわります。

さて契は「唐虞《とうぐ》の司徒《しと》」（尭と舜の時代の法務大臣）となり、その功績で、「商」の地に封《ほう》ぜられました。以来、殷は別に「商」ともいわれています。

この後十四代下って天乙（湯王）に至ります。彼は伊尹《いいん》という賢者を招いて、夏の桀王の悪政を正そうとしました（この話は『孟子』万章上篇によるものです）。しかし桀王は、耳をかさないどころか、同じように意見した関竜逢《かんりゅうほう》という臣下を殺してしまいました。そこで伊尹は湯王のもとに身を寄せて、湯王を助けて桀王の討伐に立ち上がります。

その湯王の徳の大きさを表わすエピソードが、鳥を獲る網の、三面を解放して残り一面のみとし、鳥たちに左右自由に飛びたてと命じ、さらに「命《めい》を用いざるものは、わが網に入れ」と言わせたというのです。鳥をとり尽くして絶滅させてしまうことを恐れたからでしょうか。この話は湯王の仁愛が禽獣《きんじゅう》（鳥やケモノ）にまで及んだ美談として広く知れわたったものです。

また七年もの旱《ひでり》がつづき、その対策に人民を犠牲にして祈禱《きとう》する（これを「人身御供《ひとみごくう》」といいます）よう勧められた時、これを拒んで、自身を犠牲にささげて祈りました。すると、天がこの心の持ち方に感心して大雨を降らせたというのも同じ仁愛の美談です。人間としての道徳が厚く、多くの人々から懐《した》われる人物であってこそ、天も認めて帝位につけるのだとこの湯王説話は、語っているのです。それは実は君主にありがちな横暴を抑《おさ》える文化的な力になっていると言えます。

◆殷王成湯、子姓、名履。其先曰レ契。帝嚳子也。母簡狄、有娀氏女。見二玄鳥堕一レ卵呑レ之、生レ契。為二唐虞司徒一、封二於商一、賜レ姓。伝二昭明・相土・昌若・曹圉一、曰レ冥、曰レ振、曰レ微、曰二報丁・報乙・報丙・主壬・主癸一。主癸子天乙、是為レ湯。始居レ亳、従二先王居一。

使三人以レ幣聘二伊尹于莘一、進二之夏桀一。不レ用。尹復二帰湯一。桀殺二諌者関竜逢一。湯使二人哭一レ之。桀怒、召レ湯、囚二夏台一。已而得レ釈。湯出。見レ有下張二網四面一而祝上レ之。曰、従レ天降、従レ地出、従二四方一来者、皆罹二吾網一。湯曰、嘻、尽レ之矣。乃解二其三面一、改祝曰、欲レ左左、欲レ右右、不レ用レ命者、入二吾網一。諸侯聞レ之曰、湯徳至矣。及二禽獣一。

伊尹相レ湯伐レ桀、放二之南巣一。諸侯尊レ湯為二天子一。大旱七年、太史占レ之曰、当二以レ人禱一。湯曰、吾所二為請一者、民也。若必以レ人禱、吾請自当。遂斎戒剪レ爪断レ髪、素車白馬、身嬰二白茆一、以レ身為二犠牲一、禱二于桑林之野一、以二六事一自責曰、政不レ節歟。民失レ職歟。宮室崇歟。女謁盛歟。苞苴行歟。讒夫昌歟。言未レ已、大雨数千里。

［三］殷の紂王《ちゆうおう》　妲己《だつき》、炮烙《ほうらく》の刑といい、淫虐《いんぎやく》はなはだし

帝辛《ていしん》、名《な》は受《じゆ》、号《ごう》して紂《ちゆう》と為《な》す。資弁捷疾《しべんしようしつ》、猛獣《もうじゆう》を手格《しゆかく》し、智《ち》は以《もつ》て諫《いさめ》を拒《こば》むに足《た》り、言《げん》は以《もつ》て非《ひ》を飾《かざ》るに足《た》る。始《はじ》めて象箸《ぞうちよ》を為《つく》る。箕子《きし》、歎《たん》じて曰《いわ》く、「彼《かれ》、象箸《ぞうちよ》を為《つく》る、必《かなら》ず盛《も》るに土器《どき》を以《もつ》てせず、将《まさ》に玉杯《ぎよくはい》を為《つく》らんとす。玉《ぎよく》杯象箸《はいぞうちよ》、必《かなら》ず藜藿《れいかく》を羹《あつもの》にし、短褐《たんかつ》を衣《き》て、茆茨《ぼうじ》の下《もと》に舎《やど》らじ。則《すなわ》ち、錦衣《きんい》九重《きゆうちよう》、高台広室《こうだいこうしつ》、此《これ》に称《かな》いて以《もつ》て求《もと》めば、天下《てんか》も足《た》らじ」と。

紂《ちゆう》、有蘇《ゆうそ》氏《し》を伐《う》つ。有蘇《ゆうそ》、妲己《だつき》を以《もつ》て女《めあ》わす。寵《ちよう》あり。其《そ》の言《げん》、皆従《みなしたが》う。賦《ふ》税《ぜい》を厚《あつ》くして、以《もつ》て鹿台《ろくだい》の財《ざい》を実《み》たし、鉅橋《きよきよう》の粟《ぞく》を盈《み》つ。沙丘《さきゆう》の苑台《えんだい》を広《ひろ》め、酒《さけ》を以《もつ》て池《いけ》と為《な》し、肉《にく》を縣《か》けて林《はやし》と為《な》し、長夜《ちようや》の飲《いん》を為《な》す。百姓怨望《ひやくせいえんぼう》し、諸《しよ》侯《こう》、畔《そむ》く者《もの》あり。紂乃《ちゆうすなわ》ち刑辟《けいへき》を重《おも》くす。銅柱《どうちゆう》を為《つく》り、膏《あぶら》を以《もつ》て之《これ》に塗《ぬ》り、炭《たん》

火《か》の上《うえ》に加《くわ》え、罪《つみ》ある者《もの》をして、之《これ》に縁《よ》らしむ。足滑《あしなめらか》にして跌《つまず》いて火中《かちゅう》に墜《お》つ。妲己《だつき》と之《これ》を観《み》て、大《おおい》に楽《たのし》む。名《な》づけて炮烙《ほうらく》の刑《けい》と曰《い》う。淫虐甚《いんぎゃくはなは》だし。庶兄微子《しょけいびし》、数《しば》しば諫《いさ》むれども、従《したが》わず、之《これ》を去《さ》る。比干諫《ひかんいさ》め、三日去《さんにちさ》らず。紂《ちゅう》、怒《いか》りて曰《いわ》く、「吾聞《われき》く、聖人《せいじん》の心《むね》には七竅《しちきょう》あり」と。剖《さ》きて其《そ》の心《むね》を観《み》る。箕子《きし》、佯狂《ようきょう》して奴《ど》と為《な》る。紂《ちゅう》、之《これ》を囚《とら》う。殷《いん》の大師《たいし》、其《そ》の楽器《がっき》・祭器《さいき》を持《じ》して、周《しゅう》に奔《はし》る。

周侯昌及《しゅうこうしょうおよ》び九侯《きゅうこう》・鄂侯《がくこう》、紂《ちゅう》の三公《さんこう》たり。紂《ちゅう》、九侯《きゅうこう》を殺《ころ》す。鄂侯争《がくこうあらそ》う。幷《あわ》せて、之《これ》を脯《ほ》にす。昌《しょう》、聞《き》きて歎息《たんそく》す。紂《ちゅう》、昌《しょう》を羑里《ゆうり》に囚《とら》う。昌《しょう》の臣散宜生《しんさんぎせい》、美女珍宝《びじょちんぽう》を求《もと》めて進《すす》む。紂《ちゅう》、大《おお》いに悦《よろこ》び、乃《すなわ》ち昌《しょう》を釈《ゆる》す。昌退《しょうしりぞ》きて徳《とく》を修《おさ》む。諸侯多《しょこうおお》く紂《ちゅう》に叛《そむ》きて之《これ》に帰《き》す。昌《しょう》、卒《しゅつ》す。子《こ》の発《はつ》たつ。諸侯《しょこう》を率《ひき》いて紂《ちゅう》を伐《う》つ。紂《ちゅう》、牧野《ぼくや》に敗《やぶ》る。宝玉《ほうぎょく》を衣《き》て、自《みずか》ら焚死《ふんし》す。殷亡《いんほろ》ぶ。

箕子《きし》、後《のち》、周《しゅう》に朝《ちょう》せんとし、故《もと》の殷《いん》の墟《きょ》を過《す》ぎて、宮室毀壊《きゅうしつきかい》して禾黍《かしょ》を生《しょう》ずるを傷《いた》む。哭《こく》せんと欲《ほっ》すれば不可《ふか》なり、泣《な》かんと欲《ほっ》すれば、則《すなわ》ち為《しわざ》、婦人《ふじん》に

近《ちか》し。乃《すなわ》ち麦秀《ばくしゅう》の歌《うた》を作《つく》りて曰《いわ》く、
麦秀《むぎひい》でて漸漸《ぜんぜん》たり、禾黍《かしょ》油油《ゆうゆう》たり、彼《か》の狡童《こうどう》、我《われ》と好《よ》からず。
殷民《いんみん》、之《これ》を聞《き》きて、皆流涕《みなりゅうてい》す。殷《いん》、天子《てんし》たること三十一世《さんじゅういちせい》、六百二十九年《ろっぴゃくにじゅうきゅうねん》。

帝辛《ていしん》は、名が受《じゅ》、王号《おうごう》が紂《ちゅう》であった。彼は生まれつき弁舌にたけ、素手《すで》で猛獣をつかまえることができ、知恵がはたらいて諫言《かんげん》も受けつけず、ことばが巧みで非行をもうまく言いくるめた。はじめて象牙《ぞうげ》の箸《はし》を作った。おじの箕子《きし》が嘆いて次のように言った。

「象牙の箸を作ったからには、次はきっと土の器に盛るのをやめて、玉《たま》の杯《はい》を作るだろう。玉杯象箸とくれば、その次はきっとあかざや豆の葉を羹《あつもの》とする粗食、短い毛の粗衣、ちがやでふいた宮殿に住むといった質素な生活に満足しなくなるだろう。そうなれば錦《にしき》の衣に九重《きゅうちょう》の城門をそなえ、高殿《たかどの》に広い部屋と、これにつりあうよう求めつづけることになろう。そうなれば、天下の資材をかきあつめても、不足するだろう」。

紂が有蘇氏《ゆうそし》を討伐したとき、有蘇氏は妲己《だっき》という美女を献上した。紂は妲己を寵愛して、彼女の言うことなら、なんでも従った。その結果、税の負担を重くして、鹿台《ろくだい》という名の倉に財貨を満たし、鉅橋《きょきょう》という名の倉に穀物をいっぱいにした。沙丘《さきゅう》の地にある離宮を拡大し、そこに酒を満たした池や肉をつるした林をつくって、夜どおし飲み食いした。人々は紂王をうらみ、諸侯のなかには紂王にそむく者が現れた。すると紂王は刑罰を重くした。例えば、銅の柱を作ってこれに油を塗り、炭火の上に横におき罪にとわれた者にその上を渡らせた。すると足がすべってころび、火のなかに落ちた。紂王は妲己とこれを見て大いに楽しみ、「炮烙《ほうらく》の刑」と名づけていた。このようなひどい淫虐《いんぎゃく》な行いをしていた。

腹ちがいの兄微子《びし》は、たびたび紂王をいさめたが、紂王は従わなかった。そこで微子は紂王のもとを立ち去った。おじの比干《ひかん》は、いさめつづけて三日間も紂王のもとを去らなかった。紂王は怒って「わしは、聖人の心臓には七つの穴があると聞いている（ひとつ見てやろう）」と言って、比干を解剖《かいぼう》してその心臓を観察した。箕子《きし》は、これをきくと狂人のふりをして奴隷となった。紂王はそれでも彼をとらえて牢につないだ。殷の音楽をつかさどる大師は、朝廷で演奏する楽器と祭器とを持って、周の国へ亡命した。

当時、周侯の昌《しょう》と九侯《きゅうこう》・鄂侯《がくこう》が紂王《ちゅう》の政治をたすける三公であった。しかし反対の意見を出すので、まず九侯を殺した。鄂侯はそれを止めようと争った。紂王はこの鄂侯も殺し二人ともあわせて干し肉にした。周侯の昌は、それを聞いて嘆息した。紂王はこの消息をきくと、昌も捕らえて羑里《ゆうり》の地に幽閉した。昌の家臣で散宜生《さんぎせい》というものが美女珍宝を探して、これを紂王に献上した。紂王は大喜びして、昌を釈放した。昌は自国の周に退いてひたすら徳を修めた。諸侯の多くが、紂王にそむいて周に心を寄せた。昌が死んで、子の発《はつ》（武王《ぶおう》）が立った。発は諸侯をひきいて紂王を征伐した。紂王は、牧野《ぼくや》の地にて敗北し、宝玉のちりばめられた衣装を着て自ら焼死した。こうして殷《いん》は滅んだ。

さきに狂人のふりをして生きのびた箕子《きし》は、その後、周に入朝しようとして、前の殷王朝の廃墟を通りすぎ、宮殿が破壊されたまま、いねやきびなどの穀類が生い茂っているのを見て感傷にくれた。声をあげて泣こうとしたが、まるで周をうらむようでできず、黙って泣こうとしたが、しぐさがいかにも女々《めめ》し（くてできな）かった。そこで、次のような「麦秀《ばくしゅう》の歌」を作った。

「麦がのびて漸漸《つんつん》し、いねやきびも油油《すくすく》す、

あの悪童の紂王め　我と不仲でこの始末」。

殷の遺民《いみん》たちはこの歌を聞くとみな涙を流した。殷が天子となって統治したのは、三十一代、六百二十九年間であった。

❖　❖　❖　❖

前節の夏《か》の桀王《けつおう》とならぶ暴君・殷《いん》の紂王《ちゅう》は、本文に「資弁捷疾《しべんしょうしつ》」とあるとおり、生まれながら弁舌の才にめぐまれ、すばやい対応（捷《しょう》も疾《しつ》も速いという意味）ができる人物だったようです。頭の回転もさることながら、なんと「猛獣」を素手でつかまえる腕力もそなえていました。従って、非行をしても贅沢《ぜいたく》しても、もう誰も止められなかったのです。そこに妲己《だつき》という美女が加わり、二人がかりで国中から財物をあつめ、酒と肉を使って悦楽にひたる毎日でしたから、国民から怨まれて当然でしょう。

この紂王と妲己の振るまいに、批判的な臣下は、銅の柱に油をぬり、それを炭火の上において赤く熱したうえを歩かされ、足が滑って火の中に落ちる、それを「炮烙《ほうらく》の刑《けい》」（炮は炙《あぶ》る、烙は焼く意味）と名づけて、楽しんだといいます。横山光輝『殷周伝説』の「炮烙の刑」は、炮《ほう》を抱《ほう》と曲解したもので、本文とはズレますが、まさしく「淫虐《いんぎゃく》はなはだし」い状況に描かれています。

炮烙の刑（横山光輝『殷周伝説』第1巻、2008年、潮出版社）

この暴虐行為に対して、止めようとした庶兄《しょけい》（腹ちがいの兄）微子《びし》、紂王の叔父の比干《ひかん》と箕子《きし》の三人は、もと孔子が「殷《いん》に三仁《さんじん》あり」すなわち殷の紂王のときにも、三人の立派な仁愛を心得た聖人のような人物がいた（もと『論語』微《び》子《し》篇にみえる）と評されて伝承されてきました。もっとも、微子は逃げ出し、比干は殺されているので、これらを同等とみるのは無理があるかもしれません。

また紂王の政治を補佐する「三公《さんこう》」という職

に九侯《きゅうこう》・鄂侯《がくこう》・周侯《しゅうこう》の三人がついていて、九侯と鄂侯の二人が殺され、その肉を脯《ほ》（干し肉）にして食べるのは、征服者の敵対者に対する常套手段《じょうとうしゅだん》、つまり決まったやりかただったようです。残った周侯姫昌《しゅうこうきしょう》については、次節に詳しい血統とその経歴がのべられていますので、参照してください。

ともあれ仁愛の情が禽獣《きんじゅう》にまでにゆきわたった聖人君主だった殷の湯《とう》王がたてた王朝は、六百二十九年目に淫虐な紂王の焼死で滅亡してしまいました。

ただしこの話はどこまで本当かわかりません。実は新しくできた周王朝の記録官が、ことさら悪く書いていたようです。というのは、孔子の弟子の子貢《しこう》が「紂の不善《ふぜん》やかくの如《ごと》くこれ甚《はなは》しからざるなり（紂《ちゅう》王がよくなかったといっても、こんなひどいものではなかった）」といっています。敗戦で勝者の下においやられると天下の悪事をすべて負わされるのだ、という訳です（『論語』子張篇《しちょうへん》にみえる）。歴史書を読むうえで、こうした冷静な態度は、忘れがちですが、大切な点です。

なお、殷王朝の史跡は、一九三〇年代に発掘されて多くの出土文物が発見されています。

殷　墟
（貝塚茂樹編『古代殷帝国』1967年、みすず書房）

◆帝辛、名受、号為㆑紂。資弁捷疾、手ヨ挌猛獣㆒、智足㆓以拒㆒㆑諫、言足㆓以飾㆒㆑非。始為㆓象箸㆒。箕子歎曰、彼為㆓象箸㆒、必不㆔盛以㆓土簋㆒、将㆑為㆓玉杯㆒。玉杯象箸、必不㆘羹㆓藜藿㆒、衣㆓短褐㆒、而舎㆗茆茨之下㆖。則錦衣九重、高台広室、称㆑此以求、天下不㆑足矣。紂伐㆓有蘇氏㆒。有蘇以㆓妲己㆒女焉。有㆑寵。其言皆従。厚㆓賦税㆒、以実㆓鹿台之財㆒、盈㆓鉅橋之粟㆒。広㆓沙丘苑台㆒、以㆑酒為㆑池、縣㆑肉為㆑林、為㆓長夜之飲㆒。百姓怨望、諸侯有㆓畔者㆒。紂乃重㆓刑辟㆒。為㆓銅柱㆒、以㆑膏塗㆑之、加㆓於炭火之上㆒、使㆓有㆑罪者縁㆒㆑之。足滑跌墜㆓火中㆒。与㆓妲己㆒観㆑之大楽。名曰㆓炮烙之刑㆒。淫虐甚。庶兄微子数諫、不㆑従、去㆑之。比干諫、三日不㆑去。紂怒曰、吾聞、聖人之心有㆓七竅㆒。剖而観㆓其心㆒。箕子佯狂為㆑奴。紂囚㆑之。殷大師、持㆓其楽器祭器㆒奔㆑周。周侯昌及九侯・鄂侯、為㆓紂三公㆒。紂殺㆓九侯㆒。鄂侯争。并脯㆑之。昌聞而歎息。紂囚㆓昌羑里㆒。昌之臣散宜生、求㆓美女珍宝㆒進。紂大悦、乃釈㆑昌。昌退而修㆑徳。諸侯多叛㆑紂帰㆑之。昌卒。子発立。率㆓諸侯㆒伐㆑紂。紂敗㆓于牧野㆒。衣㆓宝玉㆒自焚死。殷亡。箕子後朝㆑周。過㆓故殷墟㆒。傷㆔宮室毀壊生㆓禾黍㆒。欲㆑哭不可。欲㆑泣則為近㆓婦人㆒。乃作㆓麦秀之歌㆒曰、麦秀漸漸兮、禾黍油油兮、彼狡童兮、不㆓与㆑我好㆒兮。殷民聞㆑之皆流涕。殷為㆓天子㆒三十一世、六百二十九年。

[四] 周の武王　暴を以て暴に易《か》え、其の非を知らず

周《しゅう》の武王《ぶおう》、姫姓《きせい》、名《な》は発《はつ》、后稷《こうしょく》の十六世《じゅうろくせい》の孫《まご》なり。后稷《こうしょく》、名《な》は棄《き》。棄《き》の母《はは》を姜嫄《きょうげん》と曰《い》う。帝嚳《ていこく》の元妃《げんひ》たり。野《や》に出《い》でて巨人《きょじん》の跡《せき》を見《み》、心《こころ》、欣然《きんぜん》として之《これ》を踏《ふ》み、棄《き》を生《う》む。以《もっ》て不祥《ふしょう》と為《な》して、之《これ》を隘巷《あいこう》に棄《す》つ。馬牛《ばぎゅう》、避《さ》けて踏《ふ》まず。徙《うつ》して山林《さんりん》に置《お》く。適《たま》たま林中《りんちゅう》人多《ひとおお》きに会《かい》す。之《これ》を氷上《ひょうじょう》に遷《うつ》す。鳥《とり》、之《これ》を覆翼《ふよく》す。以《もっ》て神《しん》と為《な》し、遂《つい》に之《これ》を収《おさ》む。児《じ》たりし時《とき》、屹《きつ》として巨人《きょじん》の志《こころざし》の如《ごと》し。其《そ》の游戯《ゆうぎ》、種樹《しゅじゅ》を好《この》む。成人《せいじん》に及《およ》びて、能《よ》く地《ち》の宜《よろ》しきを相《み》、民《たみ》に稼穡《かしょく》を教《おし》う。陶唐虞夏《とうとうぐか》の際《さい》に興《おこ》り、農師《のうし》と為《な》りて、邰《たい》に封《ほう》ぜらる。其《そ》の姓《せい》を別《わか》ち、后稷《こうしょく》と号《ごう》す。卒《しゅっ》し、子不窋《こふしゅつ》立《た》つ。

夏后氏《かこうし》の政衰《せいおとろ》え、不窋《ふしゅつ》、其《そ》の官《かん》を失《うしな》い、戎狄《じゅうてき》の間《かん》に奔《はし》る。不窋卒《ふしゅつしゅっ》し、子《こ》鞠《きく》立《た》

つ。鞠卒《きくしゅつ》し、子《こ》公劉《こうりゅう》立《た》つ。復《ま》た后稷《こうしょく》の業《ぎょう》を修《おさ》めて、畊種《こうしゅ》を務《つと》め、百姓《ひゃくせい》之《これ》に懐《なつ》く。公劉卒《こうりゅうしゅつ》し、子《こ》慶節《けいせつ》立《た》ち、豳《ひん》に国《くに》す。皇僕《こうぼく》・参弗《しんふつ》・毀隃《きゆ》・公非《こうひ》・高圉《こうぎょ》・亜圉《あぎょ》・公叔鉏《こうしゅくそ》を歴《へ》て、古公亶父《ここうたんぽ》に至《いた》る。獯鬻《くんいく》、之《これ》を攻《せ》む。豳《ひん》を去《さ》り、漆沮《しつしょ》を渡《わた》り、梁山《りょうざん》を踰《こ》え、岐山《きざん》の下《もと》に邑《ゆう》して居《お》る。豳人曰《ひんひといわ》く、「仁人《じんじん》なり、失《うしな》うべからず」と。老《ろう》を扶《たす》け幼《よう》を携《たずさ》えて以《もっ》て従《したが》う。他《た》の旁国《ぼうこく》、皆之《みなこれ》に帰《き》す。

古公《ここう》の長子太伯《ちょうしたいはく》、次《じ》は虞仲《ぐちゅう》。其《そ》の妃太姜《ひたいきょう》、少子季歴《しょうしきれき》を生《う》む。季歴《きれき》、太任《たいじん》を娶《めと》りて、昌《しょう》を生《う》む。聖瑞《せいずい》あり。太伯《たいはく》・虞仲《ぐちゅう》、古公《ここう》が季歴《きれき》を立《た》てて以《もっ》て昌《しょう》に伝《つた》えんと欲《ほっ》するを知《し》る。乃《すなわ》ち荊蛮《けいばん》に如《ゆ》き、断髪文身《だんぱつぶんしん》し、以《もっ》て季歴《きれき》に譲《ゆず》る。

古公卒《ここうしゅつ》し、公季《こうき》立《た》つ。公季卒《こうきしゅつ》し、昌《しょう》立《た》つ。西伯《せいはく》と為《な》る。西伯《せいはく》、徳《とく》を修《おさ》め、諸侯《しょこう》、之《これ》に帰《き》す。虞《ぐ》・芮《ぜい》、田《でん》を争《あらそ》い、決《けつ》する能《あた》わず、乃《すなわ》ち周《しゅう》に如《ゆ》く。界《さかい》に入《い》りて畊者《こうしゃ》、皆《みな》、畔《はん》を遜《ゆず》り、民俗《みんぞく》、皆《みな》、長《ちょう》に譲《ゆず》るを見《み》る。二人《ふたり》慙《は》じ、相謂《あいい》いて曰《いわ》く、「吾《わ》が争《あらそ》う所《ところ》は、周人《しゅうひと》の恥《は》ずる所《ところ》なり」と。乃《すなわ》ち西伯《せいはく》に見《まみ》えずして還《かえ》る。倶《とも》に其《そ》の田《でん》を譲《ゆず》りて取《と》らず。漢南《かんなん》、西伯《せいはく》に帰《き》する者《もの》、四十国《しじゅうこく》。皆以為《みなおも》えらく、

「受命《じゆめい》の君《くん》なり」と。天下《てんか》を三分《さんぶん》し、其《そ》の二《に》を有《たも》つ。

呂尚《りよしよう》という者《もの》あり、東海《とうかい》の上《ほとり》の人《ひと》なり。窮困《きゆうこん》して年老《としお》い、漁釣《ぎよちよう》して周《しゆう》に至《いた》る。西伯《せいはく》、将《まさ》に猟《かり》せんとし、之《これ》を卜《ぼく》す。曰《いわ》く、「竜《りゆう》に非《あら》ず彲《ち》に非《あら》ず、熊《ゆう》に非《あら》ず羆《ひ》に非《あら》ず、虎《こ》に非《あら》ず貔《ひ》に非《あら》ず、獲《う》る所《ところ》は覇王《はおう》の輔《ほ》ならん」と。果《はた》して呂尚《りよしよう》に渭《い》水《すい》の陽《きた》に遇《あ》う。与《とも》に語《かた》り、大《おお》いに悦《よろこ》んで曰《いわ》く、「吾《わ》が先君太公《せんくんたいこう》より曰《いわ》く、当《まさ》に聖人《せいじん》ありて周《しゆう》に適《ゆ》くべし、周《しゆう》、因《よ》りて以《もつ》て興《おこ》らん、と。子《し》、真《まこと》に是《これ》か。吾《わ》が太公《たいこう》、子《し》を望《のぞ》むこと久《ひさ》し」と。故《ゆえ》に、之《これ》を号《ごう》して、太公望《たいこうぼう》と曰《い》う。載《の》せて与《とも》に倶《とも》に帰《かえ》り、立《た》てて師《し》と為《な》す。之《これ》を師尚父《ししようほ》と謂《い》う。

西伯卒《せいはくしゆつ》し、子《こ》発立《はつた》つ。是《これ》を武王《ぶおう》と為《な》す。東《ひがし》のかた兵《へい》を観《しめ》して、盟津《もうしん》に至《いた》る。白魚《はくぎよ》、王《おう》の舟中《しゆうちゆう》に入《い》る。王《おう》、俯《ふ》して取《と》り以《もつ》て祭《まつ》る。既《すで》に渡《わた》る。火《ひ》あり、上《うえ》より下《した》に復《ふく》し、王《おう》の屋《おく》に至《いた》り、流《なが》れて烏《からす》と為《な》る。其《そ》の色赤《いろあか》く、其《そ》の声魄《こえはく》たり。是《こ》の時《とき》、諸侯《しよこう》の期《き》せずして会《かい》する者八百《ものはつぴやく》。皆曰《みないわ》く、「紂《ちゆう》、伐《う》つべし」と。王《おう》可《き》かず、引《ひ》きて帰《かえ》る。

紂《ちゅう》、悛《あらた》めず。王《おう》、乃《すなわ》ち紂《ちゅう》を伐《う》つ。西伯《せいはく》の木主《ぼくしゅ》を載《の》せて以《もっ》て行《ゆ》かんとす。伯《はく》夷《い》・叔斉《しゅくせい》、馬《うま》を叩《おさ》えて諫《いさ》めて曰《いわ》く、「父死《ちちし》して葬《ほうむ》らず、爰《ここ》に干戈《かんか》に及《およ》ぶ、孝《こう》と謂《い》うべけんや。臣《しん》を以《もっ》て君《きみ》を弑《しい》す、仁《じん》と謂《い》うべけんや」と。左右《さゆう》、之《これ》を兵《へい》せんと欲《ほっ》す。太公曰《たいこういわ》く、「義士《ぎし》なり」と。扶《たす》けて之《これ》を去《さ》らしむ。王《おう》、既《すで》に殷《いん》を滅《ほろ》ぼして天子《てんし》と為《な》る。古公《ここう》を追尊《ついそん》して太王《たいおう》と為《な》し、公季《こうき》を王季《おうき》と為《な》し、西伯《せいはく》を文王《ぶんおう》と為《な》す。天下《てんか》、周《しゅう》を宗《そう》とす。伯夷《はくい》・叔斉《しゅくせい》、之《これ》を恥《は》ず。周《しゅう》の粟《ぞく》を食《くら》わず、首陽山《しゅようさん》に隠《かく》る。歌《うた》を作《つく》りて曰《いわ》く、「彼《か》の西山《せいざん》に登《のぼ》り、其《そ》の薇《わらび》を采《と》らん。暴《ぼう》を以《もっ》て暴《ぼう》に易《か》え、其《そ》の非《ひ》を知《し》らず。神農虞《しんのうぐ》夏《か》、忽焉《こつえん》として没《ぼっ》し、我安《われいずく》にか適帰《てきき》せん。于嗟《ああ》徂《い》かん、命《めい》の衰《おとろ》えたるかな」と。遂《つい》に餓《う》えて死《し》す。

周の武王は、姫《き》が姓《せい》で、名は発《はつ》、后稷《こうしょく》より十六代下の子孫であった。后稷は、名が棄《き》で、棄の母を姜嫄《きょうげん》といい、帝嚳《ていこく》の正夫人であった。原野にでたとき、巨人の足跡を見つけ、心が急にウキウキしてきてそれを踏んだところこれに感応して棄を生んだ。姜嫄は、しかし生まれた子を不吉に思い、踏み殺されるように狭い路上に捨てた。ところが馬や牛は棄をさけて踏みつけなかった。場所を移して山林の中に捨てようとした。たまたま林のなかで多数の人に出会って、とりやめた。そこで今度は氷の上に移して凍死させようとした。すると鳥が羽根でおおって温めて助けた。そこで姜嫄は棄が神の子だと気付き、とうとう連れて帰って育てたのである。棄は、子供の頃、ずばぬけていてまるで巨人が大志を抱いたようであった。その遊びも樹木を植えることを好んだ。成人すると、土地のよしあしをよくみて、民に農業を教えた。帝尭《ていぎょう》（陶唐氏）帝舜《ていしゅん》（有虞氏《ゆうぐ》）から夏《か》の禹《う》王に移る時に身をたてて、「農師《のうし》」つまり農務長官となり、邰《たい》の地に封《ほう》ぜられた。そこで姓を別《わ》けて「姫《き》」とし、号を「后稷《こうしょく》」と称した。后稷が死ぬと、子の不窋《ふしゅつ》が立った。

夏王の政治が衰退して不窋は農務長官の職を失って、西北の野蛮な夷狄《いてき》の地に逃げた。不窋が死ぬと、子の鞠《きく》が立ち、鞠が死ぬと、子の公劉《こうりゅう》が立った。彼は后稷の仕事を復活させ、農業に務めた。百姓《ひとびと》は彼に心をよせた。公劉が死ぬと、子の慶節《けいせつ》が立った。彼は陝西省《せんせいしょう》の豳《ひん》の地に国をたてた。のち皇僕《こうぼく》・参弗《しんふつ》・毀隃《きゆ》・公《こう》非《ひ》・高圉《こうぎょ》・亜圉《あぎょ》・公叔鉏《こうしゅそ》をへて古公亶父《ここうたんぽ》に至った。すると、北方の異民族である獯鬻《くんいく》が攻めてきた。そこで豳《ひん》の地をすてさり、漆水《しっすい》、沮水《しょすい》の二つの川を渡り、梁《りょう》山《ざん》を越え、岐山《きざん》のふもとの周《しゅう》の地に住みついた。豳《ひん》の人たちは「古公亶父は仁君であるから、はなれてはならない」と言って、めいめいが老人を助け子どもの手をひいて、こぞって古公亶父のあとに従った。ほかの隣国の人もみな同じようにやってきて、ここに周の国がひらかれたのである。

古公亶父の長男を、太伯《たいはく》といい、次男を虞仲《ぐちゅう》といった。古公の正夫人の太姜《たいきょう》が末っ子の季歴《きれき》を生んだ。季歴は太任《たいじん》という娘を妻として昌《しょう》を生んだ。そのおり聖人の出現をつげる瑞祥《ずいしょう》（赤い雀が丹書をくわえて予告してきたという）が現れた。兄の太伯と虞仲は、父の古公亶父が位を季歴から、昌につなごうと望んでいることを知った。そこで二人はこっそり南方の蛮地に逃げ出し、その地の習俗にあわせて髪を切り、身に入れ墨をして、帰らない決意をしめし、季歴に位を譲ったのである。

古公亶父が死ぬと、公季《こうき》（季歴）が立った。公季が死ぬと、子の昌が立った。昌は殷の下で西方の諸侯をたばねる「西伯《せいはく》」となった。西伯昌が徳治につとめたので、諸侯は彼に心をよせた。ある時、虞《ぐ》と芮《ぜい》の二国が土地の領界を争い、長い間決着しなかった。そこで国君二人が周の西伯昌に裁決をあおぎに行った。周の領内にふみ入ると、農耕している者はみな畔《あぜ》を譲り合い、人々の習俗もみな年長者に譲り合っているのがわかった。虞と芮の国君二人はこれを見て恥ずかしくなり、お互いに「われわれが争っていることは、周の人々には恥辱そのものだ」と言い、そのまま西伯昌に会いもせずに帰ってしまった。のち二国はともに田地を譲り合って取ろうとしなくなった。漢水《かんすい》の南方の地方では、西伯に心をよせる国が四十国にものぼった。みな西伯昌こそ天子となる天命をうけた君主だとみなしたからだ。こうして西伯は殷の天下で三分の二の国を味方にしたのである。

当時、呂尚《りよしよう》という者がいた。東方の海辺の山東地方の出身であった。困窮したまま年老い、釣りで暮らしをたてながら、周の国にやってきた。ある日、西伯昌が狩りに出かけようとして、その日の獲物を占ったところ、「竜でもなく彲《みずち》でもなく、熊でもなく羆《ひぐま》でもなく、虎でもなく貔《ひょう》でもない。獲られるものは覇王の補佐であろう」とのこと。はたして狩りに出た渭水《いすい》の北岸にて釣りをする呂尚に出会った。いっしょに話してみたところ、占いどおりの人物であったので大喜びしてこう言った。

「わが先君の太公よりの言い伝えに、『わが周にきっと聖人がやってきて、周はそれによって興隆するだろう』とあります。あなたこそほんとうにその人ではないですか。わが太公が久しくあなたを待ち望んでいたのですよ」。

そこで呂尚を「太公望《たいこうぼう》」といって、自分の車に乗せて、いっしょに帰った。こうして呂尚を立てて軍師とし、また父に比すべき先師という意味で「師尚父《ししょうほ》」ともいった。

西伯昌が死ぬと、子の発《はつ》が立った。これを武王という。彼は即位すると、東方の殷の支配地区におもむき兵威を誇示して紂王の悪虐非道を正そうとして黄河の渡し場である「盟津《もうしん》」の地までやってきた。この地から黄河を渡る途中、（五色のうちで殷が尊ぶのは白い色だったが、その）白い色の魚が武王の舟のなかに飛び込んできた。武王はかがんでこれをつかみ取り、神壇にそなえて祭った。渡りおえると、今度は（周が尊ぶ赤い色の）火の玉が天上からおりてきた。武王の陣屋の上にくると姿を変えて烏になった。その色は赤く、その鳴き声は安定したものであった。この時駆けつけた諸侯は、約束したわけでもないのに八百にものぼった。みな「殷の紂王を討つべきだ」と言ったが、武王は許さなかった。そして兵をひきいて帰った。

その後も紂王は改悛《かいしゅん》せず悪虐非道がますますひどくなったので、武王はついに紂王を討伐することにした。そこで、父親の西伯昌の位牌を車に載せて出発しようとしたところ、周の徳をしたってきた伯夷《はくい》と叔斉《しゅくせい》の二人が武王の馬を引きとめると、こう言った。「父君が亡くなられてまだ葬儀も終わっていないのに、ここに戦《いくさ》をなさろうとする。これが孝行と言えましょうか。臣下の身分で君主の紂王を弑殺《しいさつ》なさろうとする。これが仁愛と言えましょうか」と。左右の兵士が伯夷と叔斉を手にかけようとした。すると軍師の太公望が「義人であるから殺すにはおよばない」と言い、二人を引いて去らせた。

武王は、その後殷を滅ぼして天子となった。そしてなき古公亶父に尊号をたてまつって「太王《たいおう》」とし、公季（季歴）を「王季《おうき》」とし、西伯昌を「文王《ぶんおう》」とした。

天下はこうして周を宗主と仰ぐようになった。しかし伯夷と叔斉だけは、周の天下を恥じて、その俸禄米を拒むなど一切の恩恵に浴さず、首陽山《しゆようざん》に隠れた。そのおり、次のような歌を残している。

「かの西山に登り、そのわらびでもつみ取ろう。

暴君が暴君と交代しただけなのに、その非を悟らぬ者ばかり。

神農・虞《ぐ》・夏《か》の聖き世は、たちまちにして消えさった。

わしらはどこに身を寄せよう。ああ、死にゆこう。天の命《さだめ》が尽きたのだ」

こうしてとうとう餓死した。

❖❖❖❖

本節は、殷の紂王を討って周王朝をたてた姫姓《きせい》一族の出自《しゆつじ》から成功までの大変有名な歴史です。いささか長文ですが、聖人君主の出現のうちには、天の啓示や人の和合のほかに、厳しい試練をへて徳をつんだ事実があったことを読みとってください。この後、殷の紂王を討った周の武王（姫発《きはつ》）は、まもなくして死んでしまい、子の成王がたち、武王の弟だった周公《しゅうこう》（姫旦《きたん》）が政治を代行し新しい国づくりをしました。

今から三千年もまえのこの殷周交代の史実は、その後、中国文化の基礎づくりを説明する物語《ストーリー》として語りつづけられます。

その理由は、①この周の祖先である后稷棄《こうしょくき》が、農業の神として人々の信仰をえつづけたこと、②新しい周のつくった礼制度が、のち孔子によって集められて社会規範とされ、歴代の政治家にうけつがれたこと、そして③暴君紂王《ちゅうおう》が、独裁君主の横暴をおさえる反面教師としての役目をおわされ、実際以上に強調されて語りつがれてきたことです。

言うまでもなく①の農業神は、中国が農業中心の社会であるかぎり存続しました。②の周の礼制度は、周公旦の手になるものとされ、それをまとめた『周礼《しゅらい》』という一書も伝えられていますが、本当に周公の書いたものである証拠はありません。この周王朝の成立の五百年後に生きた孔子が、それをたずねてまわらなければならなかったからです。それゆえ、後世、あるかなきかの周公の伝承にその時代独自の要請が加わって、立派な礼制が出現しました。それが、孔子による仁愛と孝行を基とした道徳思想です。これを「儒教《じゅきょう》」といいますが、その原点は、殷周革命にあり、特に革命後の周公旦《たん》の働きにありました（その具体的な言動は、『書経《しょきょう》』周書の各篇を参照して下さい）。

ただし、時代は帝尭や帝舜のような完璧な聖人の時代ではありません。仁愛をもとにしながら殺人を避けられない時代でした。ここに伯夷と叔斉の悲劇がうまれます。二人は、孤竹《こちく》という北国の公子でしたが、位を弟に譲って、周の文王昌の仁徳をしたって、周の武王の革命行動に遭遇しました。ここで有名な「暴を以て暴に易《か》う、その非を知らず」─（暴君が交代しただけで、その〈武力利用という〉まちがいに気付かない）という一句が、重い意味をもちます。本当の仁愛を希求するなら武力を用いずに実現できるはずだ、という絶対平和主義者の主張です。二十世紀の入口でもインドに非暴力主義のガンジーが現れています。理想論だと無視するのは簡単ですが、これは二十一世紀のわれわれにも問いかけられているのです。

◆周武王、姫姓、名発、后稷之十六世孫也。后稷名棄。棄母曰二姜嫄一。為二帝嚳元妃一。出レ野見二巨人跡一、心欣然践レ之、生レ棄。以為二不祥一、棄二之隘巷一。馬牛避不レ践。徙置二山林一。適会二林中多一レ人。遷二之氷上一。鳥覆二翼之一。以為レ神、遂収レ之。児時屹如二巨人之志一。其游戯好二種樹一。及二成人一、能相二地之宜一、教二民稼穡一。興二於陶唐虞夏之際一、為二農師一、封二于部一。別二其姓一、号二后稷一。卒、子不窋立。

夏后氏政衰、不窋失二其官一、奔二戎狄之間一。不窋卒、子鞠立。鞠卒、子公劉立。復修二后稷之業一、務二畊種一、百姓懐レ之。公劉卒、子慶節立、国二於豳一。歴二皇僕・参弗・毀隃・公非・高圉・亜圉・公叔組一、至二古公亶父一。獯鬻攻レ之。去レ豳、渡二漆沮一、踰二梁山一、邑二於岐山下一居焉。豳人曰、仁人也。不レ可レ失。扶レ老携レ幼以従。他旁国皆帰レ之。古公長子太伯、次虞仲。其妃太姜、生二少子季歴一。季歴娶二太任一生レ昌。有二聖瑞一。太伯・虞仲、知下古公欲中立二季歴一以伝上レ昌。乃如二荊蛮一、断髪文身、以譲二季歴一。古公卒、公季立。公季卒、昌立。為二西伯一。西伯修レ徳、諸侯帰レ之。虞・芮争レ田、不レ能レ決。乃如レ周。入レ界見下畊者皆遜レ畔、民俗皆譲上レ長。二人慙、相謂曰、吾所レ争、周人所レ恥。乃不レ見二西伯一而還。倶譲二其田一不レ取。漢南帰二西伯一者四十国。皆以為受命之君。三二分天下一、有二其二一。

有二呂尚者一、東海上人。窮困年老、漁釣至レ周。西伯将レ猟、卜レ之。曰、非レ竜非レ彲、非レ熊非レ羆、非レ虎非レ貔、所レ獲覇王之輔。果遇二呂尚於渭水之陽一。与語大悦曰、自二吾先君太公一曰、当下有二聖人一適上レ周。周因以興。子真是耶。吾太公望レ子久矣。故号レ之曰二太公望一。載与倶帰、立為レ師。謂二之師尚父一。

西伯卒、子発立。是為二武王一。東観レ兵至二於盟津一。白魚入二王舟中一。王俯取以祭。既渡。

周王朝系統図

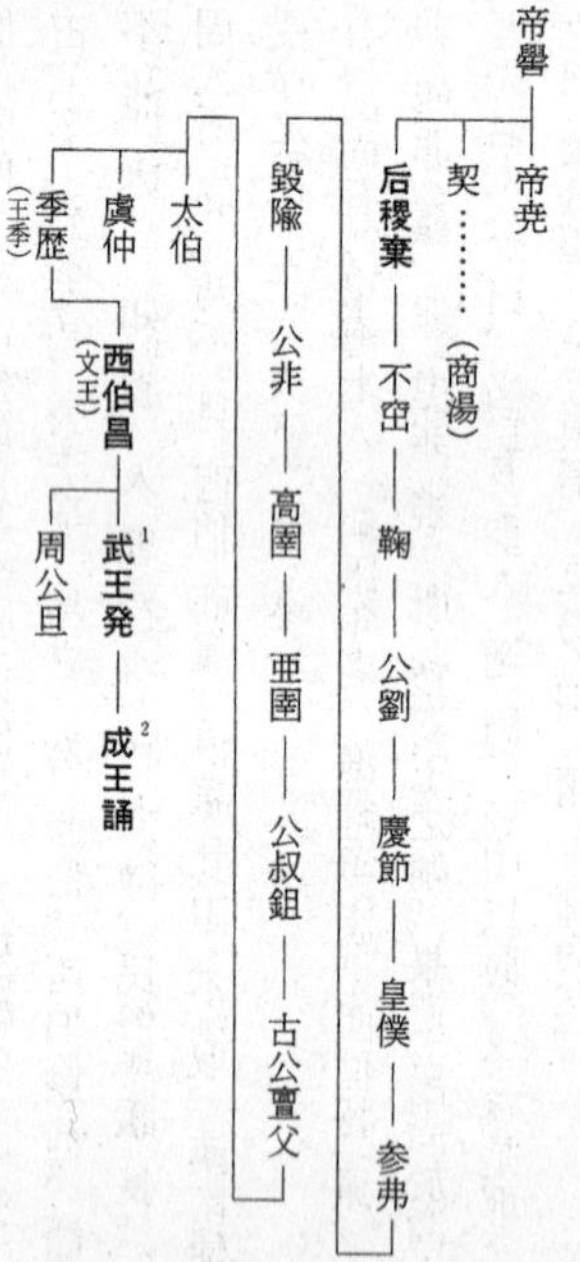

有レ火自レ上復二于下一、至二于王屋一、流為レ烏。其色赤、其声魄。是時諸侯不レ期而会者八百。皆曰、紂可レ伐矣。王不レ可、引帰。

紂不レ悛。王乃伐レ紂。載二西伯木主一以行。伯夷・叔斉叩レ馬諫曰、父死不レ葬、爰及二干戈一、可レ謂レ孝乎。以レ臣弑レ君、可レ謂レ仁乎。左右欲レ兵レ之。太公曰、義士也。扶而去レ之。

王既滅レ殷為二天子一。追二尊古公一為二太王一、公季為二王季一、西伯為二文王一。天下宗レ周。伯夷・叔斉恥レ之。不レ食二周粟一、隠二於首陽山一。作レ歌曰、登二彼西山一兮、采二其薇一矣。以レ暴易レ暴兮、不レ知二其非一矣。神農虞夏、忽焉没兮、我安適帰矣。于嗟徂兮、命之衰矣。遂餓而死。

[五] 周の幽王　褒姒《ほうじ》、笑うを好まず

幽王宮湦《ゆうおうきゆうでつ》立《た》つ。初《はじ》め、夏后氏《かこうし》の世《よ》に二竜《にりゅう》あり。庭《にわ》に降《くだ》りて曰《いわ》く、「予《われ》は褒《ほう》の二君《にくん》なり」と。卜《ぼく》して、其《そ》の漦《あわ》を蔵《ぞう》す。夏《か》・殷《いん》を歴《へ》て、敢《あ》えて発《ひら》くなし。周《しゅう》人《ひと》、之《これ》を発《ひら》く。漦《あわ》、化《か》して黿《とかげ》と為《な》る。童妾之《どうしようこれ》に遇《あ》いて孕《はら》み、女《むすめ》を生《う》み、之《これ》を棄《す》つ。宣王《せんおう》の時《とき》、童謡《どうよう》あり、曰《いわ》く「檿弧箕服《えんこきふく》、実《じつ》に周国《しゅうこく》を亡《ほろ》ぼさん」と。適《たま》たま是《こ》の器《うつわ》を鬻《ひさ》ぐ者《もの》あり。宣王《せんおう》、之《これ》を執《とら》えしむ。其《そ》の人逃《ひとのが》る。道《みち》に於《お》いて棄《き》女《じょ》を見《み》、其《そ》の夜号《やごう》を哀《あわ》れんで、之《これ》を取《と》る。褒《ほう》に逸《いっ》す。幽王《ゆうおう》の時《とき》に至《いた》りて、褒《ほう》人《ひと》、罪《つみ》あり。是《こ》の女《むすめ》を王《おう》に入《い》る。是《これ》を褒姒《ほうじ》と為《な》す。王《おう》、之《これ》を嬖《へい》す。褒姒《ほうじ》、笑《わら》うを好《この》まず。王《おう》、其《そ》の笑《わら》わんことを欲《ほっ》して、万方《ばんほう》すれども笑《わら》わず。故《もと》、王《おう》、諸侯《しょこう》と約《やく》し、寇至《こういた》るあらば、則《すなわ》ち烽火《ほうか》を挙《あ》げ、其《そ》の兵《へい》を召《め》し来《きた》り援《たす》けしむ。

乃《すなわ》ち故《ゆえ》なくして火《ひ》を挙《あ》ぐ。諸侯《しょこう》 悉《ことごと》く至《いた》れども、寇無《こうな》し。褒姒《ほうじ》、大《おお》いに笑《わら》う。王《おう》、申后《しんこう》及《およ》び太子《たいし》宜臼《ぎきゅう》を廃《はい》し、褒姒《ほうじ》を以《もっ》て后《こう》と為《な》し、其《そ》の子《こ》伯服《はくふく》を太子《たいし》と為《な》す。宜臼《ぎきゅう》、申《しん》に奔《はし》る。王《おう》、之《これ》を殺《ころ》さんことを求《もと》むれども得《え》ず。申《しん》を伐《う》たんとす。申侯《しんこう》、犬戎《けんじゅう》を召《め》して王《おう》を攻《せ》む。王《おう》、烽火《ほうか》を挙《あ》げて兵《へい》を徴《め》せども、至《いた》らず。犬戎《けんじゅう》、王《おう》を驪山《りざん》の下《もと》に殺《ころ》す。諸侯《しょこう》、宜臼《ぎきゅう》を立《た》つ。是《これ》を平王《へいおう》と為《な》す。西都《せいと》、戎《じゅう》に逼《せま》られしを以《もっ》て、徙《うつ》りて東《とう》都《と》の王城《おうじょう》に居《お》る。時《とき》に、周室衰微《しゅうしつすいび》し、諸侯《しょこう》、強《きょう》は弱《じゃく》を并《あわ》せ、斉《せい》・楚《そ》・秦《しん》・晋《しん》、始《はじ》めて大《だい》なり。平王《へいおう》の四十九年《よんじゅうくねん》は、即《すなわ》ち魯《ろ》の隠公《いんこう》の元年《がんねん》なり。其《そ》の後《ご》、孔子《こうし》、春秋《しゅんじゅう》を修《おさ》むる、此《ここ》に始《はじ》まる。

(紀元前七八二年、周の宣王《せんおう》が崩御すると)幽王宮涅《きゅうでつ》が立った。

むかし夏王朝の世に、二匹の竜が宮中の庭におりてきて「われは褒国《ほうこく》の二君なり」と言ったことがあった。占い師がこれを占って、竜の吐いた泡を箱につめてしまい込んでおけば害はないといい、そう処置した。夏王朝から殷王朝をへて、ずっとその箱は開かれずにいたが、周になってある人がそれを開いた。すると中の泡が出てとかげに変わった。このとかげに出あった少女は妊娠して、女の子を生んだ。しかし、不吉に思って捨てた。これが宣王の時のことで、当時の童謡に「桑《くわ》の弓と箕《たけ》の矢とが、きっと周を滅ぼしましょう」とうたうものがあった。たまたまこの歌と同じ弓と矢とを売る者がいたので、宣王はこれを捕えようとした。するとその人は、逃げ出したが、その逃げる道すがらかの捨てられていた女の子をみつけ、夜泣きしている姿を哀れにおもい抱きとって褒《ほう》の国へ逃げのびた。幽王の時になって、褒国の人が罪を犯して咎められたので、この捨てられていて褒で育てられた女を幽王にさし出して許されようとした。これが褒姒《ほうじ》である。幽王は彼女をことのほか愛し（そのとりこになっ）た。当の褒姒は、笑わぬたちだった。幽王は彼女を笑わせようと、八方手を尽したが彼女は笑わなかった。もともと周王は諸侯との間に、外敵の来襲があった時には、烽火《のろし》をあげるので、これを合図に兵を率いて救援にこさせるという約束があった。たまたま何もないのに烽火を上げたところ、諸侯がことごとく駆けつけたが、外敵の姿はなかった。褒姒は（この間抜けな様子に）大笑いした。幽王は、皇后の申氏《しんし》とその子で皇太子の宜臼《ぎきゅう》を廃位し、褒姒を皇后とし、その子の伯服《はくふく》を皇太子に立てた。宜臼《ぎきゅう》は、母親のさとの河南省の申《しん》国に逃げ出した。幽王は、申に宜臼を殺せと要求したが、聞き入れられず、申を討伐しようとした。申侯《しんこう》は、夷狄《いてき》の犬戎《けんじゅう》をまねき入れ両方から幽王を攻めた。王はすわ外敵の来襲だと烽火を上げ兵をあつめようとしたが、もう誰も駆けつけなかった。犬戎は幽王を陝西省《せんせいしょう》の驪山《りざん》のふもとで殺害した。

そこで（紀元前七七〇年）諸侯は、もとの太子の宜臼《ぎきゅう》を立てた。これが平王《へいおう》である。平王は、陝西省の西都《せいと》が犬戎に圧迫されたので、東都《とうと》の王城（洛陽）に移った。当時、周王室の威力はすでに衰え、諸侯は弱肉強食をくりかえし、斉《せい》・楚《そ》・秦《しん》・晋《しん》といった国がはじめて大国となっ（て歴史に登場し）た。平王の四九年（紀元前七二二年）は、魯《ろ》国の隠公《いんこう》元年である。のち孔子が魯の国の歴史書である『春秋《しゅんじゅう》』を修訂して経書《けいしょ》としたが、そのはじまりはこの隠公元年（紀元前七二二年）からである。

❖❖❖❖

周王朝成立後、ほぼ三百年経過したころに第十二代幽王が即位しました。幽王は、褒《ほう》姒《じ》という美女を愛して、国を混乱させてしまいます。ことの経過は、本文のとおりですが前々王朝である夏王朝のとき、天から二匹の竜がおりてきた、という話は本章の第一節の夏の桀王《けつおう》のところで紹介しました。しかし、その夏王朝の時には、竜が死んでその肉を食べたという話でしたが、この幽王と褒姒の話では、竜の吐きだした「漦《あわ》」をおさめた箱が残されて、その箱が周代にひらかれてトカゲになり、それが少女を妊娠させ、そうして生まれた子が褒姒だった、という怪奇《ホラー》になりました。出典は『史記』周本紀ですが、こちらはトカゲから妊娠までもうすこし詳しく語られています。ともあれさきの悪女末喜《まつき》や妲己《だつき》のもともとの姿は、この褒姒にあるように思われます。竜のあわやトカゲをもち出したのは、普通の女性ではここまで悪くはなれない、と思われたからでしょうか。

本文の末に孔子が『春秋』という書物を編纂した時、孔子の生国である魯の国の君主・隠公《いんこう》が即位した年（紀元前七二二年）から始めている、とありますが、この年は幽王のあとに即位した平王《へいおう》の四九年にあたります。平王は都を洛邑《らくゆう》（今の洛陽）に移しますが、周王朝にはもはやかつての威厳も権力もなく、一地方の諸侯となってしまいます。代わって、各地の諸侯が次々と実力をつけて覇者として一時の権勢をふるいます。この時期を春秋時代といって、それまでの周王朝が天下を支配していた時代と区別しています。

この周王朝の支配力の衰退をもたらしたのが幽王と褒姒ですが、孔子が編纂した経書『詩経《しきょう》』に収められた「正月」という詩には、

「赫赫《かくかく》たる宗周《そうしゅう》、褒姒《ほうじ》これを滅ぼす」

立派な徳の輝きにあふれ人々から仰ぎみられたあの周王朝は、褒姒が滅亡させた、と歌われています。実際に滅亡させていないのに、孔子の教えた儒教の中では、それと同等の行為をした悪い悪い女性として伝承されているのです。中国の歴史では、この後に前漢の高祖劉邦《りゅうほう》の妻の呂后《りょこう》、唐の高宗《こうそう》の妻で高宗の死後にみずから皇帝の位にのぼった武后《ぶこう》（武則天《ぶそくてん》）、そして清朝末期に夫の咸豊帝《かんぽうてい》の死後、子の同治帝と養子の光緒帝の母として権力を握った西太后《せいたいこう》の三人の女性を「三大悪女」と称しています。ただし、彼女らは今日の女性史研究の立場からみれば、男のつくりあげた虚像でしかないともいえま

す。肝心なのは、男女ともに自己の知識や道徳的人格を高めてよい社会を築きあう努力でしょうから。

◆幽王宮涅立。初夏后氏之世、有二二竜一。降二于庭一曰、予褒之二君。卜蔵二其漦一。歴二夏・殷一、莫二敢発一。周人発レ之。漦化為レ黿。童妾遇レ之而孕、生レ女、棄レ之。宣王時有二童謡一、曰、檿弧箕服、実亡二周国一。適有下鬻二是器一者上。宣王使レ執レ之。其人逃。於レ道見二棄女一、哀二其夜号一而取レ之。逸二於褒一。至二幽王之時一、褒人有レ罪。入二是女於王一。是為二褒姒一。王嬖レ之。褒姒不レ好レ笑。王欲二其笑一、万方不レ笑。故王与二諸侯一約、有二寇至一、則挙二烽火一、召二其兵一来援。乃無レ故挙レ火。諸侯悉至、而無レ寇。褒姒大笑。王廃二申后及太子宜臼一、以二褒姒一為レ后、其子伯服為二太子一。宜臼奔レ申。王求レ殺レ之、弗レ得。伐レ申。申侯召二犬戎一攻レ王。王挙二烽火一徴レ兵、不レ至。犬戎殺二王驪山下一。諸侯立二宜臼一。是為二平王一。以三西都逼二於戎一、徙居二東都王城一。時周室衰微、諸侯強并レ弱、斉・楚・秦・晋、始大。平王之四十九年、即魯隠公之元年。其後孔子修二春秋一始レ此。

◆中国人の名前

人の名前は、家族を示す「姓《せい》」と個人を示す「名《な》」の組み合わせで表されます。中国の場合、前者を「姓《せい》」または「氏《し》」と言います。姓も氏も今日では同じ意味で使用しますが、本書でもみられるように古代の帝舜《ていしゅん》は「姚《よう》」姓、夏の禹《う》王は「姒《じ》」姓、周の文王武王は「姫《き》」姓、秦の始皇帝は「嬴《えい》」姓とあって、その文字の中に「女」という文字が入っています。つまり姓は、太古の母系社会のなごりを示すものではないか、と考えられています。だとすると「氏」は男系社会の出現とともに生まれたものかもしれません。

さて個人を示す「名」は、その成長にあわせて変化しています。まず誕生とともにつけられるのが本名です。これを「諱《いみな》」といいます。この本名は父母以外は安易には呼びません。幼児のときの呼び名は、家族間や近隣の愛称として使用されますが、特別な場合以外は記録されません。その人が一人前になると「字《あざな》」という社会的に通用する名前をつけます。

例えば孔子の字は「仲尼《ちゅうじ》」ですが、「仲」は「伯《はく》・仲《ちゅう》・叔《しゅく》・季《き》」という兄弟の序列の二番目を示していて、孔家の二男だったことをしめします。「尼」は母親が尼《じ》山《さん》に祈って生まれた子だったので、それに因《ちな》んでつけたと言われます。孔子の本名は「丘《きゅう》」で、「尼（山）」といい「丘」といい山つながりの名前です。

人は、成長し技芸をみがいてやがて自己の固有の志向をもちます。それを名前にしたものが「号《ごう》」「雅号《がごう》」です。別に書斎《しょさい》や草庵《いおり》にも名前をつけて、それを個人名の代わりとしたり、弟子や皇帝から尊ばれて「○○先生」と称される場合もあります。もちろん名前代わりに官名や爵称もよく使われます。

個人の名は、死後にその生前の行為をもとに改めて命名されます。これを「諡《おくりな》」といいます。仏教の「戒名《かいみょう》」（法名）と似ています。

歴史書に収められた個人の伝記を読む時、その人の生涯の時・所・位によって呼び方が変わります。また姓も名も政治やトラブルがらみで変えたり、変えられたりもします。注意して読む必要があります。

第三章　争覇《そうは》の時代

今から約三千年まえに成立した周王朝は、幽王の失政でその支配力を失い、黄河流域の諸侯たちに支えられた名目だけの統治者になります。そのはじまりが前章の最後にふれた幽王の死後、諸侯によって擁立された平王の即位でした。紀元前七七〇年が平王元年です。ここから時代は、諸侯が他の諸侯を従えて天下の政治秩序を維持しようとする時代に入りました。この時代を「春秋《しゅんじゅう》時代」といいます。この時代のリーダーとなった諸侯を「覇者《はしゃ》」といいます。春秋時代には、「春秋の五覇《ごは》」といって代表的な覇者が五人いました。そのひとり東方の大国斉《せい》の桓公《かんこう》には、名宰相と評される管仲《かんちゅう》がそれを支えていました。この管仲のような政治手腕をもった人材の養成をめざして三千人もの弟子をあつめたのが孔子です。孔子の教えは、「儒教《じゅきょう》」と呼ばれて今日までキリスト教や仏教と同様に世界に大きな影響をあたえてきました。

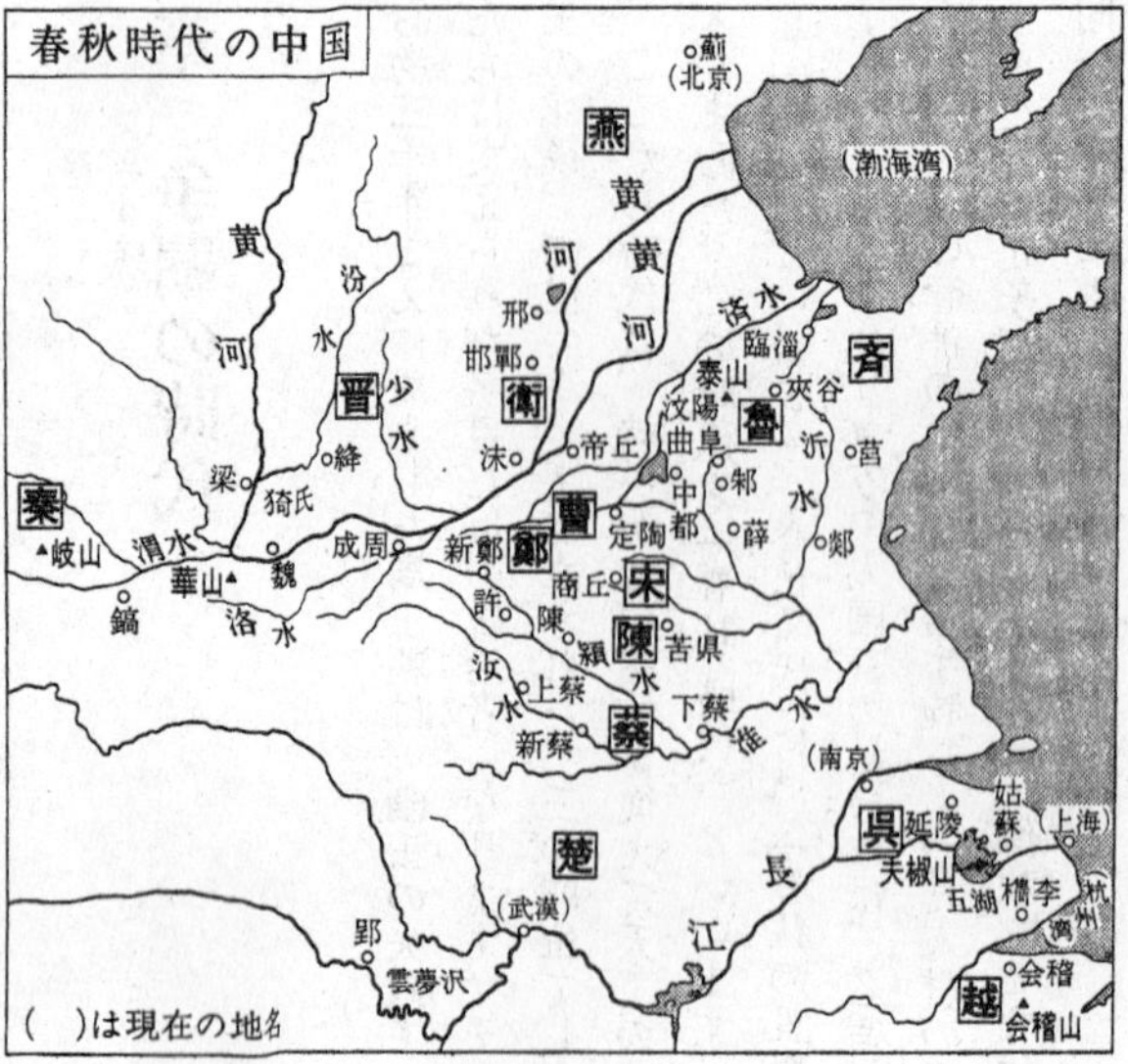
薊
(北京)
燕
(渤海湾)
黄
河
黄
河
黄
河
汾
水
少
水
邢
邯鄲
衛
晋
済水
臨淄
斉
泰山
汶陽
夾谷
魯
曲阜
沂
水
莒
帝丘
沬
中
都
郕
薛
郯
梁
猗氏
絳
秦
岐山
渭水
華山
魏
成周
新鄭
鄭
曹
定陶
鎬
洛
水
商丘
宋
許
陳
潁
陳
苦県
汝
水
上蔡
水
下蔡
淮
水
新蔡
蔡
(南京)
姑
蘇
(上海)
呉
延陵
夫椒山
五湖
檇李
杭
州
湾
楚
長
江
(武漢)
郢
雲夢沢
会稽
越
会稽山
( )は現在の地名
春秋時代の中国

諸侯が覇者たろうと争っている間に、諸国は併合されていき、その国の臣下たちも実力をつけ、やがて主君の座を奪いとる者があらわれます。その代表的な人物が斉をのっとった田氏です。また、紀元前四〇三年に大国の晋《しん》は、家臣によって韓・魏・趙の三国に分裂して、たがいに存亡をかけて戦う時代に突入しました。この時から紀元前二二一年の秦《しん》の始皇帝による天下統一までの間を「戦国時代」といいます。ここでは、戦いとして有名な孫臏《そんぴん》の「馬陵《ばりょう》の戦い」をみておきます。戦国時代には、さまざまな知識が力として認められ、いわゆる「諸子《しょし》百家《ひゃっか》」と呼ばれる知識人が、輩出しました。なかには盗みやモノマネのような特殊な技能や知識の持ち主も歴史を動かす働きをしました。そんな戦国の諸相もみておきます。ともあれこの春秋戦国時代こそ、中国史でもっとも面白い時代です。

［二］宋の興亡　宋襄《そうじょう》の仁《じん》

宋《そう》、子姓《しせい》、商紂《しょうちゅう》の庶兄微子《しょけいびし》啓《けい》の封《ほう》ぜられし所《ところ》なり。後世《こうせい》、春秋《しゅんじゅう》に至《いた》り、襄公《じょうこう》慈父《じほ》という者《もの》あり。諸侯《しょこう》に覇《は》たらんと欲《ほっ》し、楚《そ》と戦《たたか》う。公子目夷《こうしもくい》、其《そ》の未《いま》だ陣《じん》せざるに及《およ》んで之《これ》を撃《う》たんと請《こ》う。公曰《こういわ》く、「君子《くんし》は、人《ひと》を阨《やく》に困《くるし》めず」と。遂《つい》に楚《そ》の敗《やぶ》る所《ところ》となる。世《よ》笑《わら》いて以《もっ》て「宋襄《そうじょう》の仁《じん》」と為《な》す。

其《そ》の後《のち》、景公《けいこう》という者《もの》あり。熒惑《けいわく》嘗《かつ》て其《そ》の時《とき》を以《もっ》て心《しん》を守《まも》る。心《しん》は宋《そう》の分野《ぶんや》なり。公《こう》、之《これ》を憂《うれ》う。司星子韋《しせいしい》曰《いわ》く、「相《しょう》に移《うつ》すべし」と。公曰《こういわ》く、「相《しょう》は、吾《われ》の股肱《ここう》なり」と。曰《いわ》く、「民《たみ》に移《うつ》すべし」と。公曰《こういわ》く、「君《きみ》は民《たみ》を待《ま》つ」と。曰《いわ》く、「歳《とし》に移《うつ》すべし」と。公曰《こういわ》く、「歳饑《としう》れば、民困《たみくるし》む。吾《われ》、誰《たれ》が為《ため》にか君《くん》たらん」と。子韋《しい》曰《いわ》く、「天《てん》は高《たか》くして卑《ひく》きを聴《き》く。君《きみ》、人《ひと》に君《くん》たるの言《げん》、三《さん》あり。宜《よろ》しく動《うご》くことあるべし」と。之《これ》を候《こう》するに、果《はた》して一度《いちど》を徙《うつ》る。数世《すうせい》を歴《へ》て、康王偃《こうおうえん》に至《いた》る。雀《すずめ》あり、鸇《たか》を生《う》む。之《これ》を占《うらな》う。曰《いわ》く、「必《かなら》ず天《てん》下《か》に覇《は》たらん」と。偃喜《えんよろこ》び、斉《せい》・楚《そ》・魏《ぎ》を敗《やぶ》り、与《とも》に敵国《てきこく》となる。偃《えん》、淫《いん》虐《ぎゃく》なり。天下《てんか》之《これ》を号《ごう》して「桀宋《けつそう》」と曰《い》う。周《しゅう》の慎靚王《しんじょうおう》の時《とき》、斉《せい》の湣王《びんおう》、楚《そ》・魏《ぎ》と共《とも》に宋《そう》を伐《う》ち、之《これ》を滅《ほろぼ》して、其《そ》の地《ち》を分《わか》つ。

宋《そう》は、子《し》が姓で、殷《いん》の紂王《ちゅうおう》の腹違いの兄の微《び》子《し》啓《けい》が封《ほう》ぜられた国である。時代がくだり、春秋時代になって、襄公慈《じょうこうじ》父《ほ》という君主がでた。彼は諸侯をたばねる覇者になろうと大国の楚《そ》と戦ったことがあった。戦場にでると公子の目夷《もくい》が、楚軍の陣立てがまだ終わっていないのをみ、チャンスだと出撃を申し出た。襄公は「君子たらんとする者は、相手が準備に追われているのを苦しめるものではない」と言って出撃させなかった。結局、宋は陣立てが整った楚に打ち負かされてしまった。世間ではこれを嘲笑し「宋襄《そうじょう》の仁《じん》」という。

その後、景公《けいこう》という君主がでた。すると同時に不幸をもたらすとされる火星が、心という星座の上に出てそのまま動かなかった。心という星座は、宋の運命を示す分野と考えられていたので、景公は、不幸が襲うまえぶれか、と心配した。すると、占星師の子韋《しい》が「不幸を宰相にお移しなさればよいでしょう」と助言した。景公は「宰相は私の股肱《ここう》つまり手足と同様に大切であるからできない」と断った。子韋は「ならば、民に移せばよいでしょう」と言った。景公は「君主は民に支えられるものである」と断った。すると「農作物に移せばよいでしょう」と助言した。景公は「農作物が凶作になって収穫できなければ、民が飢餓に苦しむことになる。そんなことをしては私はいったい誰の為の君主といえよう」と断った。すると子韋は「天は空高くにおわしますが、低き地上の事をよく聴きつけると申します。お殿様は、いま人の上にたつ君主にふさわしいお言葉を、三度も吐かれました。きっと天も心を動かされるに相違ありません」と言った。その夜、天文官が火星の位置を候《はか》ってみると、はたして一度、移動していた。

数代を経て、康王、名は偃《えん》の世になった。雀《すずめ》が鷹《たか》を生むという不思議な出来事があった。占ってみると、「必ず天下の覇者となりましょう」とのこと。康王は喜び勇んで、斉・楚・魏を攻めて破り、それらを敵にまわした。この康王は、淫乱暴虐で、世間の人は夏王朝末の桀王にちなみ「桀宋《けつそう》」と呼んでいた。周の慎靚《しんじょう》王の時（正しくは周の赧王《たんおう》の時、紀元前二八六年）に、斉《せい》の湣《びん》王が楚・魏と協力して宋を討ち滅ぼして、その領地を分割し（たので、宋は滅亡し）てしまった。

❖❖❖❖

春秋戦国時代の諸国を紹介するのに、宋という小国からはじめたのは、本文の説明にもあるとおり殷周革命で敗けた殷の一族の微《び》子《し》啓《けい》が封《ほう》ぜられた国だからです。微子啓は、紂王《ちゅうおう》とは腹ちがいですが兄にあたり、紂王の悪政を止めようと努めた人物のひとりでした。それもあって周王朝の成立後に、宋国を建てて祖先の祭りを継続することができるようになりました。これは革命後の前王朝を処遇するモデルケースともなったようです。ただ、その後の中国の歴史では、倒された側は、多くの場合粛清《しゅくせい》されるか流配されて優遇されはしません。

殷も亡国後は、その臣たちは「商人《しょうにん》」と蔑《さげす》まれ、放浪したので、これが商売人《しょうばいにん》の原形になったと伝えられています。こうした殷の末裔《まつえい》たちは、やはり自分たちの地位の向上をめざして頑張ったようです。宋国の襄王《じょうおう》（在位、紀元前六五〇―六三七年）が覇者たろうと願って戦争にも礼儀作法を重んじ、陣立《じんだ》ての終わらない楚軍を攻撃するのを止めたために、勝てるチャンスを逸してしまい、後世「宋襄《そうじょう》の仁《じん》」と笑われることになりました（『春秋左氏伝《しゅんじゅうさしでん》』僖公《きこう》二二年にみえる話。同じ話が『春秋公羊伝《くようでん》』の同条では敗北したとはいえ仁愛精神を発揮した最高の美談とされています）。

のち宋の景公《けいこう》（在位、紀元前五一六―四七七年）の三七年目（紀元前四八〇年）に「熒《けい》惑《わく》」（火星）が当時、地上の宋の分野に相当するとされていた「心《しん》」という星座の上に出現しました。この火星の出現は、災害をもたらす前兆とみなされていました。その対処方法を問われた司星（占星師）が、災害を他人に肩代わりさせるとよいと、提案します。しかし景公は、自分が責任をおうことこそ、君主の本分とみて、許しませんでした。その声を天が聴きとって火星が移っていったといいます。地上の人の動きと天上の星の動きとが相互に関係づけられていることを「天人相関《てんじんそうかん》」といいます。その前提から地上の諸国の領土は天上の固有の分野を示す星座と関係づけられていました。これを「分野《ぶんや》説《せつ》」といい、本文のような占いに利用されました。逆にこうした天人相関や分野説のよ

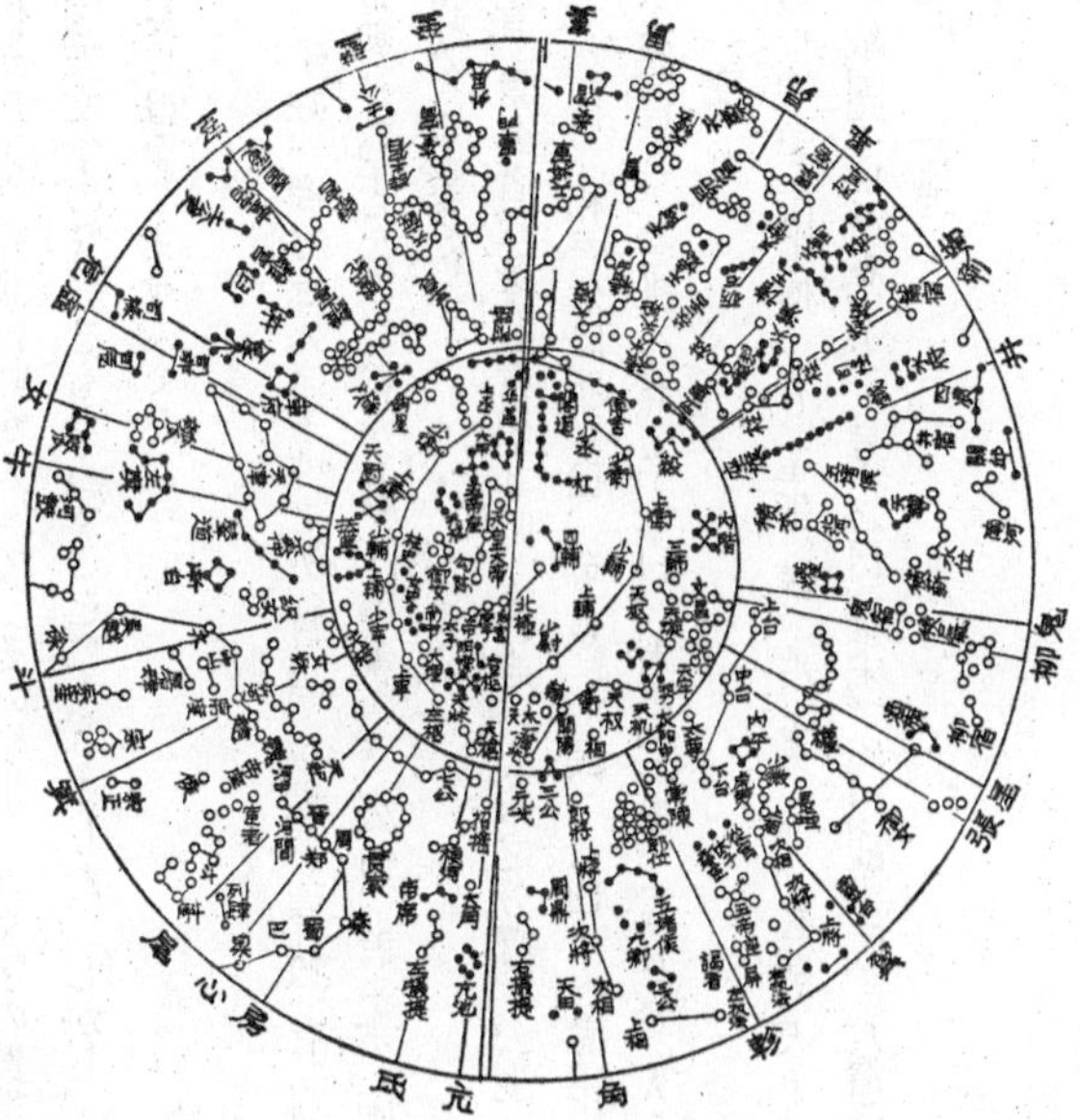

蘇頌渾象北極図（模写）円の外が28の星座の名で、左下に「心」とある。
（陳遵嬀著『中国天文学史』第二冊、1982年、上海人民出版社）

うな迷信から天文観測に熱が入って、その結果、天文学の貴重なデータが集められ、独自の中国天文学の発展をもたらすことになりました。しかし、西洋のような地動説や引力の発見には至りませんでした。

◆宋、子姓、商紂庶兄微子啓之所レ封也。後世至二春秋一、有二襄公慈父者一。欲レ覇二諸侯一、与レ楚戦。公子目夷、請下及二其未一レ陣撃上レ之。公曰、君子不レ困二人於阨一。遂為二楚所一レ敗。世笑以為二宋襄之仁一。

其後有二景公者一。熒惑嘗以二其時一守レ心。心宋之分野。公憂レ之。司星子韋曰、可レ移二於相一。公曰、相吾之股肱。曰、可レ移二於民一。公曰、君者待レ民。曰、可レ移二於歳一。公曰、歳饑民困。吾誰為君。子韋曰、天高聴レ卑。君有二君レ人之言三一。宜レ有レ動。候レ之、果徙二一度一。

歴二数世一、至二康王偃一。有レ雀生レ鸇。占レ之。曰、必覇二天下一。偃喜、敗二斉・楚・魏一、与為二敵国一。偃淫虐。天下号レ之曰二桀宋一。周慎靚王時、斉湣王与二楚・魏一共伐レ宋、滅レ之、而分二其地一。

[二] 斉の興亡　管仲と晏子

斉《せい》、姜姓《きようせい》、太公望呂尚《たいこうぼうろしよう》の封《ほう》ぜられし所《ところ》なり。後世《こうせい》、桓公《かんこう》に至《いた》りて、諸侯《しよこう》に覇《は》たり。五覇《は》、桓公《かんこう》を始《はじめ》と為《な》す。名《な》は小白《しようはく》。兄《あに》の襄公《じようこう》、無道《むどう》なり。群弟《ぐんてい》、禍《わざわい》の及《およ》ばんことを恐《おそ》る。子糾《しきゆう》は魯《ろ》に奔《はし》り、管仲《かんちゆう》、之《これ》に傅《ふ》たり、小白《しようはく》は莒《きよ》に奔《はし》り、鮑叔《ほうしゆく》、之《これ》に傅《ふ》たり。襄公《じようこう》、弟《おとうと》の無知《むち》の弑《しい》する所《ところ》となり、無知《むち》も亦《ま》た人《ひと》の殺《ころ》す所《ところ》となる。斉人《せいひと》、小白《しようはく》を莒《きよ》より召《よ》ぶ。而《しこう》して魯《ろ》も亦《ま》た兵《へい》を発《はつ》して糾《きゆう》を送《おく》る。管仲《かんちゆう》、嘗《かつ》て莒《きよ》の道《みち》を遮《さえぎ》り、小白《しようはく》を射《い》て、帯鉤《たいこう》に中《あ》つ。小白《しようはく》、先《ま》ず斉《せい》に至《いた》りて立《た》つ。鮑叔牙《ほうしゆくが》、管仲《かんちゆう》を薦《すす》めて、政《まつりごと》を為《な》さしむ。公《こう》、怨《うらみ》を置《お》きて之《これ》を用《もち》う。仲《ちゆう》、字《あざな》は夷吾《いご》。嘗《かつ》て鮑叔《ほうしゆく》と賈《こ》し、利《り》を分《わか》つに多《おお》く自《みずか》ら与《あた》う。鮑叔《ほうしゆく》、以《もつ》て貪《むさぼ》れりと為《な》さず。仲《ちゆう》の貧《ひん》なるを知《し》ればなり。嘗《かつ》て、事《こと》を謀《はか》りて窮困《きゆうこん》す。鮑叔《ほうしゆく》、以《もつ》て愚《ぐ》と為《な》さず。時《とき》に利《り》と不利《ふり》とあるを知《し》ればなり。嘗《かつ》て三《み》たび戦《たたか》い三《み》たび走《にげ》る。鮑叔《ほうしゅく》、以《もっ》て怯《きょう》と為《な》さず。仲《ちゅう》に老母《ろうぼ》あるを知《し》ればなり。仲曰《ちゅういわ》く、「我《われ》を生《う》む者《もの》は父母《ふぼ》なるも、我《われ》を知《し》る者《もの》は鮑子《ほうし》なり」と。桓公《かんこう》、諸侯《しょこう》を九合《きゅうごう》し、天下《てんか》を一匡《いっきょう》す、皆《みな》、仲《ちゅう》の謀《はかりごと》なり。一《いち》にも則《すなわ》ち仲父《ちゅうほ》、二《に》にも則《すなわ》ち仲父《ちゅうほ》という。

仲《ちゅう》、病《や》む。桓公問《かんこうと》う、「群臣誰《ぐんしんたれ》か相《しょう》とすべき。易牙《えきが》は何如《いかん》」と。仲曰《ちゅういわ》く、「子《こ》を殺《ころ》して以《もっ》て君《きみ》に食《くら》わしむ。人情《にんじょう》に非《あら》ず。近《ちか》づくべからず」と。「開方《かいほう》は何如《いかん》」と。曰《いわ》く、「親《おや》に倍《そむ》いて以《もっ》て君《きみ》に適《かな》う。人情《にんじょう》に非《あら》ず。近《ちか》づくべからず」と。蓋《けだ》し開方《かいほう》は、故《もと》の衛《えい》の公子《こうし》の来奔《らいほん》せるものなり。「豎刁《じゅちょう》は何如《いかん》」と。曰《いわ》く、「自《みずか》ら宮《きゅう》して以《もっ》て君《くん》に適《かな》う。人情《にんじょう》に非《あら》ず。近《ちか》づくべからず」と。仲《ちゅう》、死《し》す。公《こう》、仲《ちゅう》の言《げん》を用《もち》いず、卒《つい》に之《これ》を近《ちか》づく。三子《さんし》、権《けん》を専《もっぱ》らにす。公《こう》、内寵《ないちょう》、夫人《ふじん》の如《ごと》き者六《ものろく》、皆子《みなこ》あり。公《こう》、薨《こう》ず。五公子《ごこうし》、立《た》つを争《あらそ》いて相攻《あいせ》む。公《こう》の尸《しかばね》、床《しょう》に在《あ》り、殯斂《ひんれん》するなきこと六十七日《ろくじゅうしちにち》、尸蟲《しちゅう》、戸《と》より出《い》づ。

桓公《かんこう》より八世《はちせい》、景公《けいこう》に至《いた》る。晏子《あんし》という者《もの》あり、之《これ》に事《つか》う。名《な》は嬰《えい》、字《あざな》は平《へい》仲《ちゅう》、節倹力行《せっけんりょくこう》を以《もっ》て斉《せい》に重《おも》んぜらる。一狐裘三十年《いちこきゅうさんじゅうねん》、豚肩《とんけん》、豆《とう》を掩《おお》わず。斉《せい》国《こく》の士《し》、待《ま》ちて以《もっ》て火《ひ》を挙《あ》ぐる者《もの》、七十余家《しちじゅうよか》。晏子《あんし》、出《い》づ。其《そ》の御《ぎょ》の妻《つま》、門《もん》間《かん》より窺《うかが》う。其《そ》の夫《おっと》、大蓋《たいがい》を擁《よう》し、駟馬《しば》に策《むち》ち、意気《いき》揚揚《ようよう》として、自得《じとく》せり。既《すで》にして帰《かえ》るや、妻《つま》、去《さ》らんことを請《こ》いて曰《いわ》く、「晏子《あんし》は、身《み》、斉国《せいこく》に相《しょう》として、名《な》、諸侯《しょこう》に顕《あら》わる。其《そ》の志《こころざし》を観《み》るに、嘗《つね》に以《もっ》て自《みずか》ら下《くだ》るあり。子《し》は人《ひと》の僕御《ぼくぎょ》と為《な》りて、自《みずか》ら以《もっ》て足《た》れりと為《な》す。妾《しょう》、是《ここ》を以《もっ》て去《さ》るを求《もと》むるなり」と。御者《ぎょしゃ》、乃《すなわ》ち自《みずか》ら抑損《よくそん》す。晏子《あんし》、怪《あやし》みて之《これ》を問《と》うや、実《じつ》を以《もっ》て対《こた》う。薦《すす》めて大夫《たいふ》と為《な》す。

　斉は、姜《きょう》が姓で、太公望といわれた呂尚《ろしょう》が封《ほう》ぜられた国である。後世、桓公《かんこう》の代になり、諸侯をたばねる覇者になった。春秋時代の五大覇者（すなわち「春秋の五覇」）はこの桓公にはじまる。桓公は、名を小白《しょうはく》という。兄の襄公が無道な暴君だったので、何人もの弟たちは、禍《わざわい》がふりかかるのを恐れた。そこで子糾《しきゅう》は魯《ろ》国に逃げ、管仲《かんちゆう》がその傅《ふ》（もり役）として従い、小白は莒《きよ》の地に逃げ、鮑叔《ほうしゆく》が傅として従った。襄公は、弟の無知《むち》に殺され、この無知もまた別人に殺された。

斉の人たちは、小白を莒の地から呼びよせて君主に立てようとした。しかし魯国も兵士をつけて子糾を送りかえして君主にたてようとした。子糾に従っていた管仲は、そこで莒から斉都へ通じる道を封鎖し、帰国しようとした小白に矢を射かけ、それが小白の帯のバックルに命中しただけだった。小白は（その場で死んだふりをしてのがれ）先に斉に帰って即位した。小白（桓公）の傅の鮑叔牙《ほうしゆくが》は、管仲を斉の宰相にして政治をすすめるよう進言した。すると桓公も矢を射かけられて殺されそうになった怨みは忘れて彼を任用した（から、のちに覇者となれた）のである。

管仲は、字を夷吾《いご》といった。以前に、管仲は鮑叔と親友でふたりで商売したとき、利益を分けるとき自分の方に多く分けた。鮑叔は、これで管仲を欲ばりだとはみなかった。管仲の貧乏ぶりを知っていたからである。また以前に管仲はある事業をたちあげて失敗し困窮した。鮑叔は、これを愚かだとはみなかった。投機には利も不利もあると知っていたからである。また以前に管仲は、三度戦争に行って、三度とも戦場から逃げだした。鮑叔は、それをおくびょう者だからだとはみなかった。管仲には老いた母親が待っていることを知っていたからである。それゆえ管仲は「私を生んだのは父母だが、私を知りつくしているのは鮑叔である」と言っていたのである。のちに桓公が諸侯を九回もたばね、天下を統合したのは、みな管仲が参謀として政治をすすめたからである。だから桓公は、一にも管仲どの、二にも管仲どの、と言う状態だった。

管仲が病気で床《とこ》に伏したとき、桓公は、彼の枕もとにかけつけて「群臣のうちで誰をあとつぎの宰相に任じたらよいか。易牙《えきが》ではどうか」と問うた。管仲は「易牙は自分の子を殺して君主に食わせてまで迎合した人物です。彼には人情がありません。お近づけにならないように」と答えた。桓公は、そこで「開方《かいほう》ではどうか」と問うた。すると管仲は「開方は親に反逆してまで君主に迎合したことがある人物です。彼にも人情がありません。お近づけにならないように」と答えた。この開方はもと衛国《えいこく》の公子であったが、母国から逃げて斉にきていたのだった。さらに桓公は「豎刁《じゆちよう》ではどうか」と問うた。すると管仲は「自分から生殖器を切る宮刑《きゆうけい》をうけて君主に迎合した人物です。彼にも人情がありません。お近づけにならないように」と答えた。管仲が死ぬと、桓公はその言葉に従わず、とうとう三人を近づけた。すると三人は、権力をふりまわしたので、国内が混乱した。その上、桓公には宮中で女官を寵愛して、まるで夫人の様にふるまうものが六人もいて、それぞれみな子供がいた。だから桓公が逝去すると、五人の公子が立とうと争いたがいに攻撃しあった。ために桓公の死体は寝床に放置されたまま六十七日もの間、葬儀されずにおかれたので、うじ虫が死体からわき出し寝室の外へはい出る始末だった。

桓公から八代のち景公《けいこう》になった。晏子《あんし》という人物が、宰相として仕えた。晏子は、名を嬰《えい》、字を平仲《へいちゆう》といい、節約を尊び、実行力があって斉国で重用された。その倹約ぶりは、一着の狐の皮の服を三十年間も着続け、豚の肩肉を供えても豆《たかつき》をはみ出るほど大きくしたことがなかった。斉国のなかには、この晏子の帰宅を待って、そのおさがりをもらって炊きつけを始める者が七十余軒もあった。

ある日、晏子が車で外出した。その車の御者《ぎよしや》の妻が門の陰からうかがい見ると、夫の御者は大きな車蓋《くるまおおい》をもち、四頭立ての馬にムチを入れて、意気揚々《ようよう》と自慢げだった。やがて帰宅すると御者の妻は、夫にむかい実家に戻りたいと申し出た。その言い分は「晏子どのは、身分は斉の宰相であり、名声は、諸国に知れわたっておられますが、その本志はいつも人にへり下って謙虚であられます。なのにあなたはその人の御者の身で、得意満面、自己満足しています。妾《わたくしめ》は、それゆえに（こんな見所のない夫のもとにいるよりは）実家に戻らせていただきとうございます」とのこと。御者は、そこで自分をおさえて謙虚にするよう努めた。晏子が不思議に思ってわけを問うと、その事実を答えた。それに感心した晏子は、この御者を大夫に推した。

❖❖❖❖

春秋時代に諸侯のリーダーとして時代をひっぱった覇者は、斉《せい》の桓公小白《かんこうしようはく》が最初です。以下、晋《しん》の文公《ぶんこう》、楚《そ》の荘王《そうおう》、呉王夫差《ごおうふさ》、越王勾践《えつおうこうせん》を加えて五覇としますが、前節の宋《そう》の襄王《じようおう》や後でみる秦《しん》の穆王《ぼくおう》を入れる場合もあり、一定しておりません。

斉という国は、今の山東半島のつけ根を中心とした大国で、はじめ殷周革命を成功に導いた呂尚《ろしょう》（太公望）の封地《ほうち》（領地）として建てられました。その後、春秋時代になり、本文の襄公《じょうこう》（在位、紀元前六九七―六八六年）の暴政で混乱し、弟小白たちは他国に逃げ出します。襄公の暴政として有名な事件があります。魯公に嫁した妹との密通事件です。その上、夫《おっと》の魯公も殺してしまったのです（『春秋』魯の桓公一八年、紀元前六九四年）。この襄公が弟の無知（『史記』では、従弟《いとこ》とあります）に殺されたあと、逃げ出していた小白と子糾《しきゅう》が帰って次の斉王を争うことになりました。結果は、小白（桓公）が子糾の傅《もりやく》だった管仲《かんちゅう》の裏をかいて、先に帰国し即位しました。小白は、自分の傅の鮑叔牙《ほうしゅくが》の推薦で自分を阻《はば》んだ管仲を宰相に任じて、この覇業を達成します。

桓公（在位、紀元前六八五―六四三年）は、その四十年余の治世の間に九回も諸侯をあつめて誓約させました（これを「会盟《かいめい》」といいます）。当時、北方の戎狄《じゅうてき》や南方の楚・呉などは、中原諸国の礼制に従おうとしませんでしたので、彼らを排除して、周王朝を中心とした政治秩序を守ること（これを「尊王攘夷《そんおうじょうい》」といいます）を誓いあいました。例えば桓公三五年（紀元前六五一年）の河南の葵丘《ききゅう》の会盟では、魯《ろ》・宋《そう》・衛《えい》・許《きょ》・曹《そう》といった国の君主があつまり、相互の修好を誓ったほか、黄河に勝手に堤を築いて水流を止めないこと、糧食の流通を阻まないこと、勝手な太子や妻妾の廃立、婦人の参与、大夫《たいふ》の専殺《せんさつ》を禁止するなどの申しあわせをしております。実は、これらの桓公の活躍のうらに、名宰相・管仲（?—紀元前六四五年）がいたのです。その管仲が死ぬと、斉国は大混乱におちいりました。本文のとおり、桓公の葬儀もままならなかったので、死体からウジ虫がはい出る始末だったのです。

ここで、もうひとつ、管仲と鮑叔の友情にもふれておきます。ふたりがよき理解者であったことは、本文のとおりで、のちに「管鮑《かんぽう》の交《まじわり》」という有名な成語になりました。

その後、斉に再び名宰相があらわれます。それが晏嬰《あんえい》（字は平仲《へいちゅう》）、通称晏子《あんし》（?—紀元前五〇〇年）です。本文のとおり倹約家であり、また施しもよくして、七十軒もの貧乏な士《し》人《じん》が彼の帰りをまっていたとあります。

管仲（『三才図会』）

こうした管仲や晏子の活躍こそ、孔子の理想とした人物像でした。孔子の言葉をあつめた『論語』には「管仲がいなければ、わたしは髪をザンバラにし、服を左前《ひだりまえ》に着る野蛮な風習に染っていただろう」（憲問篇）とあり、また「晏平仲は、よく人と交際して、長い間にその尊敬をうけた」（公冶長篇）と評しています。二人の詳しい伝記は『史記』管晏列伝にみえますが、また後に、彼らの言行をまとめた『管子《かんし》』（現行七六篇）、『晏子春秋』（同八篇）という本も伝わっています。ともあれ、この二人に鄭《てい》の子産《しさん》を加えて、春秋時代の三大名宰相といわれていて、覇者をささえる賢臣の代表として時代を彩っています。

◆斉、姜姓、太公望呂尚之所レ封也。後世至二桓公一覇二諸侯一。五覇桓公為レ始。名小白。兄襄公無道。群弟恐二禍及一。子糾奔レ魯、管仲傅レ之。小白奔レ莒、鮑叔傅レ之。襄公為二弟無知所一レ弑、無知亦為二人所一レ殺。斉人召二小白於莒一。而魯亦発レ兵送レ糾。管仲嘗遮二莒道一射二小白一、中二帯鉤一。小白先至レ斉而立。鮑叔牙薦二管仲一為レ政。公置レ怨而用レ之。仲字夷吾、嘗与二鮑叔一賈、分レ利多自与。鮑叔不二以為一レ貪。知二仲貧一也。嘗謀レ事窮困。鮑叔不二以為一レ愚。知三時有二利不利一也。嘗三戦三走。鮑叔不二以為一レ怯。知三仲有二老母一也。仲曰、生レ我者父母、知レ我者鮑子也。桓公九二合諸侯一、一二匡天下一、皆仲之謀。一則仲父。二則仲父。

仲病。桓公問、群臣誰可レ相。易牙何如。仲曰、殺レ子以食レ君。非二人情一。不レ可レ近。開方何如。曰、倍レ親以適レ君。非二人情一。不レ可レ近。蓋開方故衛公子来奔者也。豎刁何如。曰、自宮以適レ君。非二人情一。不レ可レ近。仲死。公不レ用二仲言一、卒近レ之。三子専レ権。公内寵如二夫人一者六、皆有レ子。公薨。五公子争レ立相攻。公尸在レ床、無二殯斂一者六十七日。尸蟲出二于戸一。

自二桓公一八世、至二景公一。有二晏子者一事レ之。名嬰、字平仲、以二節倹力行一重二於斉一。一狐裘三十年、豚肩不レ掩レ豆。斉国之士、待以挙レ火者七十余家。晏子出。其御之妻、従二門間一窺。其夫擁二大蓋一、策二駟馬一、意気揚揚自得。既而帰、妻請レ去曰、晏子身相二斉国一、名顕二諸侯一。観二其志一、嘗有二以自下一。子為二人僕御一、自以為レ足。妾是以求レ去也。御者乃自抑損。晏子怪而問レ之、以レ実対。薦為二大夫一。

[三] 魯の興亡　孔子と老子

魯《ろ》、姫姓《きせい》、周公《しゅうこう》の子《こ》伯禽《はくきん》の封《ほう》ぜられし所《ところ》なり。定公立《ていこうた》つ。孔子《こうし》を以《もっ》て中都《ちゅうと》の宰《さい》と為《な》す。一年《いちねん》にして四方皆之《しほうみなこれ》に則《のっと》る。中都《ちゅうと》より司空《しくう》と為《な》り、進《すす》んで大司寇《だいしこう》と為《な》る。定公《ていこう》を相《たす》けて斉侯《せいこう》に夾谷《きょうこく》に会《かい》す。孔子《こうし》曰《いわ》く、「文事《ぶんじ》有《あ》る者《もの》は、必《かなら》ず武備《ぶび》有《あ》り。請《こ》う左右《さゆう》の司馬《しば》を具《そな》えて以《もっ》て従《したが》えんことを」と。

既《すで》に会《かい》す。斉《せい》の有司《ゆうし》、四方《しほう》の楽《がく》を奏《そう》せんと請《こ》う。是《ここ》に於《おい》て旗旄剣戟《きぼうけんげき》、鼓譟《こそう》して至《いた》る。孔子《こうし》趨《はし》りて進《すす》んで曰《いわ》く、「吾《わ》が両君《りょうくん》、好《よしみ》を為《な》すに、夷狄《いてき》の楽《がく》、何《なん》ぞ此《ここ》に為《な》さん」と。斉《せい》の景公《けいこう》、心《こころ》に怍《は》じて之《これ》を麾《さしまね》く。斉《せい》の有司《ゆうし》、宮中《きゅうちゅう》の楽《がく》を奏《そう》せんと請《こ》う。優倡侏儒《ゆうしょうしゅじゅ》、戯《たわむ》れて前《すす》む。孔子《こうし》趨《はし》りて進《すす》んで曰《いわ》く、「匹夫《ひっぷ》、諸侯《しょこう》を熒惑《けいわく》する者《もの》は、罪《つみ》、誅《ちゅう》に当《あ》たる。請《こ》う有司《ゆうし》に命《めい》じて法《ほう》を加《くわ》えん」と。首足《しゅそく》、処《ところ》を異《い》にす。景公懼《けいこうおそ》れ、帰《かえ》りて其《そ》の臣《しん》に語《つ》げて曰《いわ》く、「魯《ろ》は君子《くんし》の道《みち》を以《もっ》て其《そ》の君《きみ》を輔《たす》く。而《しか》るに子《し》は独《ひと》り夷狄《いてき》の道《みち》を以《もっ》て寡人《かじん》に教《おし》えたり」と。是《ここ》に於《おい》て斉人乃《せいひとすなわ》ち侵《おか》す所《ところ》の魯《ろ》の鄆《うん》・汶陽《ぶんよう》・亀陰《きいん》の地《ち》を帰《かえ》し、以《もっ》て魯《ろ》に謝《しゃ》す。孔子《こうし》、定公《ていこう》に言《い》いて、将《まさ》に三都《さんと》を堕《こぼ》ち以《もっ》て公室《こうしつ》を強《つよ》うせんとす。叔孫氏《しゅくそんし》、先《ま》ず郈《こう》を堕《こぼ》ち、季氏《きし》、費《ひ》を堕《こぼ》つ。孟氏《もうし》の臣《しん》、成《せい》を堕《こぼ》つを肯《がえ》んぜず。之《これ》を囲《かこ》むも克《か》たず。孔子《こうし》、大司寇《だいしこう》より、相《しょう》の事《こと》を摂行《せっこう》す。七日《しちにち》にして政《まつりごと》を乱《みだ》す大夫少《たいふしょう》正卯《せいぼう》を誅《ちゅう》す。居《お》ること三月《さんげつ》にして、魯大《ろおお》いに治《おさ》まる。斉人之《せいひとこれ》を聞《き》きて懼《おそ》れ、乃《すなわ》ち女楽《じょがく》を魯《ろ》に帰《おく》る。季桓子之《きかんしこれ》を受《う》けて、政《まつりごと》を聴《き》かず。郊《こう》して又膰俎《またはんそ》を大《たい》夫《ふ》に致《いた》さず。孔子《こうし》遂《つい》に魯《ろ》を去《さ》る。

老子《ろうし》は、楚《そ》の苦県《こけん》の人《ひと》なり。李姓《りせい》、名《な》は耳《じ》、字《あざな》は伯陽《はくよう》。又曰《またいわ》く、字《あざな》は聃《たん》と。周《しゅう》の守蔵吏《しゅぞうり》と為《な》る。孔子《こうし》焉《これ》に問《と》う。老子《ろうし》、之《これ》に告《つ》げて曰《いわ》く、「良賈《りょうこ》は深《ふか》く蔵《ぞう》して虚《むな》しきが若《ごと》くし、君子《くんし》は盛徳《せいとく》ありて、容貌愚《ようぼうぐ》なるが若《ごと》し」と。孔子《こうし》去《さ》り、弟子《ていし》に謂《い》いて曰《いわ》く、「鳥《とり》は吾其《われそ》の能《よ》く飛《と》ぶを知《し》る。魚《うお》は吾其《われそ》の能《よ》く游《およ》ぐを知《し》る。獣《けもの》は吾其《われそ》の能《よ》く走《はし》るを知《し》る。走《はし》る者《もの》は以《もっ》て網《あみ》を為《な》すべく、游《およ》ぐ者《もの》は以《もっ》て綸《りん》を為《な》すべく、飛《と》ぶ者《もの》は以《もっ》て矰《そう》を為《な》すべし。竜《りゅう》に至《いた》りては、吾《われし》知ること能《あた》わず。其《そ》の風雲《ふううん》に乗《じょう》じて天《てん》に上《のぼ》ればなり。今老子《いまろうし》を見《み》るに、其《そ》れ猶《な》お竜《りゅう》のごときか」と。

老子《ろうし》、周《しゅう》の衰《おとろ》うるを見《み》て、去《さ》りて関《かん》に至《いた》る。関令《かんれい》の尹喜《いんき》曰《いわ》く、「子《し》将《まさ》に隠《かく》れんとす。我《わ》が為《ため》に書《しょ》を著《あらわ》せ」と。乃《すなわ》ち道徳《どうとく》五千余言《ごせんよげん》を著《あらわ》して去《さ》る。其《そ》の終《お》わる所《ところ》を知《し》る莫《な》し。其《そ》の後《のち》、鄭人列禦寇《ていひとれつぎょこう》、蒙人荘周《もうひとそうしゅう》あり。亦老子《またろうし》の学《がく》を為《おさ》む。荘周《そうしゅう》、書《しょ》を著《あらわ》して、孔子《こうし》を侮《あなど》り而《しこ》うして諸子《しょし》を誚《そし》る。

魯《ろ》は、姫《き》が姓で、武王《ぶおう》（姫発《きはつ》）の弟だった周公《しゅうこう》（姫旦《きたん》）の息子伯禽《はくきん》が封地《ほうち》とした由緒ある国だった。

（春秋時代になって紀元前五〇九年に）定公《ていこう》が即位した。彼は、孔子の評判をきいて招き、魯の中都《ちゅうと》の長官に任じた。すると一年後には四方の町が、皆孔子のやり方を手本とした。孔子は中都の長官から、司空《しくう》という農商大臣になり、さらに昇進して大司寇《だいしこう》という法務大臣になった。この時、定公を補佐して斉侯《せいこう》と夾谷《きょうこく》の地で修好の会盟をした。その準備として孔子は「文事《ぶんじ》をなすにも、武備《ぶび》が必要です。どうか、近衛《このえ》の武官を従えて（会盟にご出席）ください」と進言した。

会がすみ、斉の役人が余興にこの地方に伝わる音楽を演奏したいと申し出た。するとと旗さしものや剣戟《けんげき》を手にした楽人たちが、太鼓の音にあわせがやがやと出てきた。孔子はこれを見ると走って進み出、「わが両国の君主が修好の会盟をしたというのに、野卑な音楽なぞ、どうしてこの場で演奏し得ましょう」と詰めよった。斉の景公は、内心恥じて手で合図して退かせた。斉の役人はあらためて宮中で演奏されている音楽を演奏したいと申し出た。すると芸人や道化の小人たちがおどけて出てきた。孔子はまた走って進み出、「下賤の者が、諸侯を惑わした場合は、死罪に相当します。どうか役人に命じて法に定められた処罰を加えていただきたい」と詰めよった。芸人たちはたちどころに斬られて首がとんだ。景公はこの孔子の果敢さに恐れをなした。帰国後、臣下にこう言った、「魯では君子の道にしたがって君主を補佐しておる。しかるにお前たちは、ただ野蛮人の道にしたがってこの私をみちびいていた（ので、大恥をかいた）ぞ」。こうして、魯を見直した斉は、侵略してうばった魯の鄆《うん》・汶陽《ぶんよう》・亀陰《きいん》の地を返して魯に非礼をわびた。

孔子はまた、定公に進言して、魯の三大実力者の叔孫氏《しゆくそんし》・孟孫氏《もうそんし》・季孫氏《きそんし》の三《さん》居城《きよじよう》をとりこわして、公室の定公の支配力を強化しようとした。叔孫氏がまず居城の郈《こう》をとりこわし、季孫氏が居城の費《ひ》をとりこわした。孟孫氏の臣下は、しかし居城の成《せい》をとりこわすことに納得しなかった。そこで定公は兵を出し成《せい》を包囲したが、勝てなかった。

孔子はまた、大司寇のまま魯の宰相の仕事も兼任した。その七日目に国政を乱していた大夫の少正卯《しようせいぼう》を処刑した。こうして三ヶ月すると、魯国内はたいへんよく治まった。斉の国では、これを聞くと魯の強大化を恐れて、美女ばかりの舞楽団を魯に送ってきた。大夫の季桓子《きかんし》がこれを受け取り、定公に見せたので、政治を顧みなくなった。郊祭《こうさい》をしても、これまたお供えの余り肉を（本来は大夫にも配るべきなのに）配らなかった。孔子は、自分の理想どおりにならないとみて、とうとう魯の国を立ち去った（以来放浪生活の苦労をかさねた）のである。

老子は、楚の苦《こ》県出身の人である。李が姓で、名は耳《じ》、字《あざな》は伯陽《はくよう》または字は耼《たん》ともいう。はじめ周の書物の収蔵をつかさどる役人となった。孔子が周にやって来て礼について彼に問うた。すると老子は、次のように答えた。「一流の商人は、収益を奥深くしまい込んでまるでもうけがないようにしている。優れた君子は、すばらしい徳を身につけていても、それを表に出さないので外見はまるで愚かな者のようにみせる。これが礼の極意である」と。孔子は老子のもとを去り、弟子に向かって老子を次のように評した。「鳥が飛ぶことのできるものであることも、魚が泳ぐことのできるものであることも、獣が走ることのできるものであること も私にはわかる。だから走るものには網を張り、泳ぐものにはつり糸を垂れ、飛ぶものにはいぐるみを使うといった方法でそれぞれ捕ることができるのだ。だが竜については、私はまるでわからない。というのは風雲に乗って天に昇るからである。いま老子に会ってわかったことは、まるで竜のような人物だったことだよ」と。

老子は、周王朝の衰退をまのあたりにして、周を去ってとある関所に来た。関守の尹喜《いんき》が老子と知って「先生は身を隠されようとなさっておられます。その前にぜひとも私のためにご自身の思想を書に著してください」と頼んだ。そこで老子は『道徳（経）』五千余字を著して立ち去った。彼がどこで死んだかはわからない。その後、鄭《てい》の人で列禦寇《れつぎよこう》、蒙《もう》の人で荘周という者が出、彼らもまた老子の学をおさめた。なかでも荘周の著書では、孔子をあなどり、孔子の弟子たちをそしっている。

❖❖❖❖

本節では、『十八史略』の春秋戦国の魯国《ろこく》の歴史記録の中にみえる孔子と老子の記録を収めました。この二人は、覇者が政治のリーダーとすれば、文化界のリーダーと言えます。

さて、孔子の生まれた魯という国は、殷周革命を成功させた武王《ぶおう》（姫発《きはつ》）の弟の周公《しゅうこう》

（姫旦《きたん》）の子孫が封地《ほうち》とした国です。前節でみた斉《せい》とならぶ由緒ある古国で、特に周公が成立まもない周王朝の文化（礼法）を確立して、政権の安定に貢献しました。魯国にはその文化の伝承は残っていたようですが、はっきりした形はすでに失われていました。周の成立から五百年後に魯の国で生まれた孔子（名は丘《きゅう》、字は仲尼。紀元前五五一―四七九年）は、この周公を理想として礼法文化の再興とその政治的実現に生涯をついやします。孔子は、しかし、周公の礼法を簡単に見付け出すことはできませんでした。本節末の老子との会見もその例です。

孔子と老子（武梁祠《ぶりょうし》画像石）

老子（生没未詳）は、本文には楚の出身で李《り》耳《じ》、字は伯陽《はくよう》または聃《たん》といった、とありますが、もとの『史記』老子列伝では、老《ろう》萊子《らいし》という人物とか、周の太史《たいし》儋《たん》という人物とか、年齢も百六十歳、いや二百歳だったと言われていて、実在の人物かどうかもわからないのです。ただ知識のある老隠者《いんじゃ》で、その豊富な知識をたよって孔子も周に行ったのです（一説に孔子三十四歳の時のことと言われます）。しかし、老子の返事は「良賈《りょうこ》は深く蔵《ぞう》して虚《むな》しきが若《ごと》くし、君子《くんし》は盛徳《せいとく》ありて、容貌《ようぼう》愚なるが若し」というものでした。実は、さきの『史記』老子列伝では、この言葉につづけて、次のように忠告しているのです。

「子《し》の驕気《きょうき》と多欲《たよく》とを去れ。態色《たいしょく》と淫志《いんし》とは、これ皆《みな》子の身に益《えき》なし。吾れの子《し》に告ぐる所以《ゆえん》は、かくの若《ごと》きのみ」

（孔子さん、あなたの満々のやる気と種々の欲望を捨て去りなさい。意欲あふれた態度も意志もあなたの身体によくないのです。私があなたに教えるのは、このことだけです）

この言葉は『十八史略』ではカットされています。よく読めば、自分本位の利己主義者となりますので、これで「竜のごときか」とは、言えないようにも思われます。

しかし、老子の忠告は当たっていない、とも言えません。本文の最初に、魯の定公（在位五〇九―四九五年）が即位すると、孔子をよんで「中都《ちゅうと》の宰《さい》（地方長官）」に任用しました。孔子五十一歳の時のことと言われています。すると手腕を発揮して、たちまち司空《しくう》（農商大臣）から大司寇《だいしこう》（法務大臣）へかけのぼり、やがて宰相を兼任したといいます。この間に魯と隣国斉との外交の場（夾谷《きょうこく》の会盟《かいめい》）に臨み、文化《ぶんか》としての「礼楽《れいがく》」（儀式にふさわしい音楽）の知識を利用して、斉の野卑で騒々しいだけの楽隊をしりぞけています。それも「武備《ぶび》」を利用した即決即断でした。平静に読めば、「やりすぎ」という印象を抱きます。ただ、そうしたすばやい対処に大国斉が引いてしまって、侵略した領地も返し、逆に「美女ばかりの舞楽団」を送り込んで、魯国の指導者をとりこにさせ、魯は再び政治的な力を失ってゆきます。これに魯国の叔孫氏・孟孫氏・季孫氏の三大貴族（これを「三桓《さんかん》」といいます。もとは桓公の三公子で、郈・成・費はその居城）が、家臣でありながら実力をつけ、君主の定公の軍隊でも勝てないありさまでした。これでは孔子が大臣の位にいても政治はよくなりません。

また、本文には魯の大夫の少正卯《しょうせいぼう》という人物を世をまよわす詭弁家とみて処刑しています。この話は『荀子《じゅんし》』宥坐《ゆうざ》篇にみえ、孔子の武断ぶりを物語る話として有名です。

孔子のこうした活躍は、五十一歳から五十五歳までの実質三年間ほどで終わって、また浪人生活、それも諸国をめぐる旅に出て苦労を重ねることになります。晩年、再び魯国に帰り、自己の追いもとめた礼制文化を経書《けいしょ》にまとめています。それが『詩経《しきょう》』『書《しょ》経《きょう》』『礼経（儀礼《ぎらい》）』『易経《えききょう》』『春秋《しゅんじゅう》（経）』ですが、『春秋』が書きあがると霊獣の麒麟《きりん》が死体で発見されたといわれます。

今日、孔子の言葉や弟子との問答をあつめた『論語』、老子の残した『道徳（経）』いわゆる『老子』などは、本ビギナーズ・クラシックス中国の古典シリーズに既に収められていますので、ぜひ手にとってみてください。

◆魯、姫姓、周公子伯禽之所封也。
定公立。以二孔子一為二中都宰一。一年四方皆則レ之。由二中都一為二司空一、進為二大司寇一。相二定公一会二斉侯于夾谷一。孔子曰、有二文事一者、必有二武備一。請具二左右司馬一以従。既会。斉有司請レ奏二四方之楽一。於レ是旗旄剣戟、鼓譟而至。孔子趨而進曰、吾両君為レ好、夷狄之楽何為二於此一。斉景公心怍麾レ之。斉有司請レ奏二宮中之楽一。優倡侏儒、戯而前。孔子趨而進曰、匹夫熒二惑諸侯一者、罪当レ誅。請命二有司一加レ法焉。首足異レ処。景公懼、帰語二其臣一曰、魯以二君子之道一輔二其君一。而子独以二夷狄之道一教二寡人一。於レ是斉人乃帰二所レ侵魯鄆・汶陽・亀陰之地一、以謝レ魯。

孔子言二於定公一、将下堕二三都一以強中公室上。叔孫氏先堕レ郈、季氏堕レ費。孟氏之臣不レ肯レ堕レ成。囲レ之弗レ克。孔子由二大司寇一、摂二行相事一。七日而誅二乱レ政大夫少正卯一。居三月、魯大治。斉人聞レ之懼、乃帰二女楽於魯一。季桓子受レ之、不レ聴レ政。郊又不レ致二膰俎於大夫一。孔子遂去レ魯。

老子者、楚苦県人也。李姓、名耳、字伯陽。又曰、字聃。為二周守蔵吏一。孔子問レ焉。老子告レ之曰、良賈深蔵若レ虚、君子盛徳、容貌若レ愚。孔子去謂二弟子一曰、鳥吾知二其能飛一。魚吾知二其能游一。獣吾知二其能走一。走者可二以為レ網、游者可二以為レ綸、飛者可二以為レ矰。至二於竜一、吾不レ能レ知。其乗二風雲一而上レ天也。今見二老子一、其猶レ竜乎。

老子見二周衰一、去至レ関。関令尹喜曰、子将レ隠矣。為レ我著レ書。乃著二道徳五千余言一而去。莫レ知二其所レ終。其後有二鄭人列禦寇、蒙人荘周一。亦為二老子之学一。荘周著レ書、侮二孔子一而誚二諸子一焉。

[四] 田氏斉《でんしせい》の興亡　馬陵《ばりょう》の戦いと鶏鳴狗盗《けいめいくとう》

田氏斉《でんしせい》なる者《もの》は、本《もと》、嬀姓《ぎせい》、故《もと》、陳《ちん》の厲公佗《れいこうた》の子完《こかん》の後《のち》なり。完《かん》、斉《せい》に奔《はし》りて、陳氏《ちんし》と為《な》る。後《のち》、又《また》、陳《ちん》を以《もっ》て田氏《でんし》と為《な》す。完《かん》、斉《せい》の桓公《かんこう》に事《つか》えて、工正《こうせい》と為《な》る。卒《しゅっ》して敬仲《けいちゅう》と謚《おくりな》す。五世《ごせい》にして、釐子乞《きしき》に至《いた》り、斉《せい》の景公《けいこう》に事《つか》えて大夫《たいふ》と為《な》る。其《そ》の賦税《ふぜい》を民《たみ》より収《おさ》むるには、小斗《しょうと》を以《もっ》て之《これ》を受《う》け、其《そ》の粟《ぞく》を民《たみ》に予《あた》うるには、大斗《だいと》を以《もっ》てす。私恵《しけい》を民《たみ》に行《おこな》うも、而《しか》も公《こう》、禁《きん》ぜず。是《これ》に由《よ》りて、斉《せい》の衆《しゅう》を得《え》たり。乞《き》、政《せい》を専《もっぱ》らにす。卒《しゅっ》す。子《こ》の成子恒《せいしこう》、簡公《かんこう》を弑《しい》して、平公《へいこう》を立《た》つ。封邑《ほうゆう》、公《こう》の食《は》む所《ところ》よりも大《だい》なり。恒卒《こうしゅっ》す。襄子盤《じょうしはん》立ち、韓《かん》・趙《ちょう》・魏《ぎ》と使《つかい》を通《つう》ず。蓋《けだ》し三家《さんか》は且《まさ》に晋《しん》を有《ゆう》せんとし、而《しこう》して田氏《でんし》は且《まさ》に斉《せい》を有《ゆう》せんとすればなり。荘子白《そうしはく》を歴《へ》て、太公和《たいこうか》に至《いた》り、遂《つい》に周《しゅう》の安王《あんおう》の命《めい》を以《もっ》て侯《こう》と為《な》る。

魏《ぎ》、韓《かん》を伐《う》つや、韓《かん》、救《すくい》を斉《せい》に請《こ》う。斉《せい》、田忌《でんき》をして将《しょう》となし以《もっ》て韓《かん》を救《すく》わしむ。魏《ぎ》の将龐涓《しょうほうけん》、嘗《かつ》て孫臏《そんぴん》と同《とも》に兵法《へいほう》を学《まな》ぶ。涓《けん》、魏《ぎ》の将軍《しょうぐん》と為《な》り、自《みずか》ら能《よ》くする所《ところ》の及《およ》ばざるを以《もっ》て、法《ほう》を以《もっ》て其《そ》の両足《りょうそく》を断《た》ちて、之《これ》に黥《げい》す。斉《せい》の使《つかい》、魏《ぎ》に至《いた》りしとき、窃《ひそか》に載《の》せて以《もっ》て帰《かえ》る。是《ここ》に至《いた》りて、臏《ひん》、斉《せい》の軍師《ぐんし》と為《な》り、直《ただち》に魏都《ぎと》に走《おもむ》く。涓《けん》、韓《かん》を去《さ》りて帰《かえ》る。臏《ひん》、斉軍《せいぐん》の、魏《ぎ》の地《ち》に入《い》る者《もの》をして、十万《じゅうまん》の竈《かまど》を為《つく》らしめ、明日《みようにち》は五万《ごまん》の竈《かまど》を為《つく》り、又明日《またみようにち》は二万《にまん》の竈《かまど》を為《つく》る。涓《けん》、大《おお》いに喜《よろこ》んで曰《いわ》く、「我《われ》、固《まこと》に斉軍《せいぐん》の怯《きょう》なるを知《し》る。吾《わ》が地《ち》に入《い》りて三日《みつか》、士卒《しそつ》の亡《に》ぐる者《もの》過半《かはん》なり」と。乃《すなわ》ち日《ひ》を倍《ばい》し行《こう》を并《あわ》せて之《これ》を逐《お》う。臏《ひん》、其《そ》の行《こう》を度《はか》るに、暮《くれ》に当《まさ》に馬陵《ばりょう》に至《いた》るべし。道陿《みちせま》くして旁《かたわ》らに阻《そ》多《おお》く、兵《へい》を伏《ふく》すべし。乃《すなわ》ち大樹《たいじゅ》を斫《き》り、白《しろ》くして書《しょ》して曰《いわ》く、「龐涓此《ほうけんこ》の樹下《じゅか》に死《し》なん」と。斉師《せいし》の善《よ》く射《い》る者《もの》をして、万弩《ばんど》道《みち》を夾《はさ》みて伏《ふく》せしめ、期《き》す、「暮《くれ》に火《ひ》の挙《あ》がるを見《み》て発《はっ》せよ」と。涓《けん》、果《は》たして、夜《よる》、斫《き》りたる木《き》の下《もと》に至《いた》り、白書《はくしょ》を見《み》て、火《ひ》を以《もっ》て之《これ》を燭《てら》す。万弩《ばんど》倶《とも》に発《はっ》す。魏師《ぎし》、大《おお》いに乱《みだ》れて相失《あいしっ》す。涓《けん》、自剄《じけい》す。曰《いわ》く、「遂《つい》に豎子《じゅし》の名《な》を成《な》さしめたり」と。斉《せい》、大《おおい》に魏師《ぎし》を破《やぶ》り、太子《たいし》申《しん》を虜《とりこ》にす。

宣王卒《せんおうしゅっ》して、湣王《びんおう》立《た》つ。靖郭君田嬰《せいかくくんでんえい》は、宣王《せんおう》の庶弟《しょてい》なり。薛《せつ》に封《ほう》ぜらる。子《こ》あり、文《ぶん》と曰《い》う。食客数千人《しょくかくすうせんにん》、名声《めいせい》、諸侯《しょこう》に聞《き》こゆ。号《ごう》して孟嘗君《もうしょうくん》と為《な》す。秦《しん》の昭王《しょうおう》、其《そ》の賢《けん》を聞《き》き、乃《すなわ》ち先《ま》ず質《ち》を斉《せい》に納《い》れて、以《もっ》て見《み》るを求《もと》む。至《いた》れば則《すなわ》ち止《や》め、囚《とら》えて之《これ》を殺《ころ》さんと欲《ほっ》す。孟嘗君《もうしょうくん》、人《ひと》をして昭王《しょうおう》の幸姫《こうき》に抵《いた》りて、解《と》かんことを求《もと》めしむ。姫《き》曰《いわ》く、「願《ねが》わくは君《きみ》の狐白裘《こはくきゅう》を得《え》ん」と。蓋《けだ》し孟嘗君《もうしょうくん》、嘗《かつ》て以《もっ》て昭王《しょうおう》に献《けん》じ、他《た》の裘《きゅう》なし。客《かく》に能《よ》く狗盗《くとう》を為《な》す者《もの》あり。秦《しん》の蔵《くら》の中《なか》に入《い》り、裘《きゅう》を取《と》り、以《もっ》て姫《き》に献《けん》ず。姫《き》、為《ため》に言《い》いて、釈《ゆる》さるるを得《え》たり。即《すなわ》ち馳《は》せ去《さ》り、姓名《せいめい》を変《へん》じ、夜半《やはん》に函谷関《かんこくかん》に至《いた》る。関法《かんほう》、鶏《にわとり》鳴《な》いて方《まさ》に客《かく》を出《いだ》す。秦王《しんおう》の後《のち》に悔《く》いて之《これ》を追《お》わんことを恐《おそ》る。客《かく》に能《よ》く鶏鳴《けいめい》を為《な》す者《もの》あり。鶏《にわとり》尽《ことごと》く鳴《な》く。遂《つい》に伝《でん》を発《はっ》す。出《い》でて食頃《しょくけい》にして、追《お》う者《もの》果《は》たして至《いた》る。而《しか》るに及《およ》ばず。孟嘗君《もうしようくん》帰《かえ》る。秦《しん》を怨《うら》み、韓《かん》・魏《ぎ》と之《これ》を伐《う》ち、函《かん》谷関《こくかん》に入《い》る。秦《しん》、城《しろ》を割《さ》きて以《もつ》て和《わ》す。孟嘗君《もうしようくん》、斉《せい》に相《しよう》たり。或《ある》ひと之《これ》を王《おう》に毀《そし》る。乃《すなわ》ち出奔《しゆつぽん》す。

田氏《でんし》斉《せい》とは、もとは嬀《ぎ》が姓で、はじめは陳《ちん》の厲公佗《れいこうた》の子の完《かん》の子孫であった。完は斉に逃げて陳氏と称した。のちに陳を改めて田氏と称した。完は、斉の桓公《かんこう》につかえて「工正《こうせい》」という土木監督官となった。死後に敬仲《けいちゆう》と諡《おくりな》された。その後、五代下って釐子《きし》乞《き》になり、斉の景公《けいこう》に仕えて大夫の身分をえた。彼は民から賦税《ふぜい》をとるときは、小さな斗枡《ます》で受けとり、逆に民に米粟《べいぞく》を支給するときは、大きな斗枡であたえた。こうした個人的な恩恵を民に施したのに、景公はこれを禁止しなかった。これより田氏は斉の民衆の心をつかんだ。乞《き》は、ために斉の政治を専断した。彼が死んだのち、その子の成子《せいし》恒《こう》が、斉の簡公《かんこう》を殺し、平公《へいこう》を即位させた。恒の封地の方が、主君の平公の所領より広くなった。この恒が死に、襄子盤《じようしはん》が後を嗣《つ》いで立つと、晋国の実力者の韓《かん》・趙《ちょう》・魏《ぎ》の三家《さんか》に使者をつかわし情報を交換しあった。つまりは、三家は晋をうばい田氏は斉を自分のものにしようとしていたからである。のち荘子《そうし》田白《でんはく》をへ、太公田和《たいこうでんか》に至って（紀元前三八六年）、とうとう周《しゅう》の安王《あんおう》の命をえて諸侯となった（ついで紀元前三七九年に太公望呂尚以来の本家の斉は、田氏に併合されて滅んだ）。

のち宣王にいたり（紀元前三四一年）魏が韓を討とうとした。韓は救援を斉に求めてきた。そこで斉は田忌《でんき》を将軍として韓を救援することにした。ところで魏の将軍龐涓《ほうけん》は、以前に孫臏《そんぴん》とともに兵法を学んだことがあった。龐涓は魏の将軍となってから、自分の才能が孫臏におよばないと思い、彼を誘い出し法にふれたとしてその両足を切断し、額《ひたい》に入れ墨し軟禁した。のち斉の使者が魏にやって来てこれを知り、こっそり足のない孫臏を車にのせて斉にはこんできていた。この時になり、孫臏は斉の軍師となって、直に魏の都安邑《あんゆう》に向かって進軍した。龐涓はこれを知ると韓から兵をかえして帰国しようとした。孫臏は、魏の領地に侵入したその日に斉軍に十万個のかまどを作らせ、翌日には五万個のかまどを作らせ、またその翌日には二万個のかまどを作らせた。龐涓はそれを知ると大喜びし、「わしははっきりと斉軍の兵士など弱虫ばかりだとわかった。今わが魏の領地に侵入して三日目で、逃げ出す兵がもう半数を超えているぞ」と言った。そこで二日の行程を一日にちぢめて斉軍を追撃した。孫臏はその行軍の様子を計算し、夕暮れには馬陵《ばりょう》の地に至るだろうと判断した。馬陵の地は道が狭くて、道端に障害物が多く、伏兵をおくには好都合であった。そこで大きな木の皮を削り、白くしてこう書《か》いた。「龐涓はこの木の下で死ぬだろう」。また斉の兵士で射撃の上手な者に万挺《まんちょう》もの弩《いしゆみ》をもたせて道の両脇に伏せおき、日が暮れて火があがるのが見えたら射るよう手はずした。龐涓ははたしてその夜半、削られた大木のもとに着き白地の書きつけを見つけ、これを読もうと火をつけて照らしたところ、万挺もの弩が一斉に発射された。魏の軍は大混乱におちいって散りぢりになった。龐涓は、みずから首をはねて死んだ。その折に「とうとうやつを有名にしてしまった」と言いのこした。斉はこうして魏軍を大破し、皇太子の申《しん》を捕虜にした。宣王《せんおう》が死んで、湣王《びんおう》が即位した。当時、靖郭君田嬰《せいかくくんでんえい》は、宣王の腹ちがいの弟で、薛の地に封ぜられていた。この人の子に田文という者がいた。彼は食客数千人を養い、名声が諸侯に知れわたっていて、孟嘗君《もうしようくん》といわれていた。秦《しん》の昭王《しようおう》が、彼の賢明なことを聞きつけ、まず人質を斉に送り、会いたいと求めた。孟嘗君《もうしようくん》が秦に行くと会うのを中止し、捕らえて彼を殺そうとした。孟嘗君は、人を昭王の寵愛する妾姫《しようき》のところにやって釈放してくれるよう依頼した。彼女は(承諾したがその条件として)「どうかあなたのもつ狐《きつね》の白毛をつかった最高級の皮衣《かわごろも》をいただきたい」と言ってきた。ところが孟嘗君は、さきにそれを昭王に献上してしまっていて、もうほかにその皮衣のもちあわせがなかった。思案にくれていると同行している食客に犬のまねをして盗むことの上手な者がいた。その客《かく》が秦の蔵のなかに忍びこみ、さきに献上した皮衣を盗ってきて、妾姫に献上した。妾姫は、そのために昭王に口添えし孟嘗君の釈放がかなった。孟嘗君の一行はただちに、馬を駆って出て、名前を変えて、夜半に秦の国境の函谷関《かんこくかん》にたどり着いた。関所の法では朝に鶏が鳴くと、はじめて旅客を通した。孟嘗君は秦王が釈放したのを後悔して追っ手をさし向けるのではないかと心配した。さいわい食客中に上手に鶏の鳴きまねをする者がいた。彼が鳴きまねをするとつられて他の鶏がみな鳴いた。ついに関所役人は「伝《でん》」という通行許可証を出して孟嘗君一行を通した。関所を出たあと、すぐに追っ手が来たが、もう間にあわなかった。孟嘗君はこうして斉に帰ると、自分をだました秦を怨み、韓・魏両国と秦を討伐しようと、函谷関より侵攻した。秦は、かなわぬとみて城を割譲して、和睦《わぼく》した。のち孟嘗君は、斉国の宰相になったが、当時の湣王《びんおう》に彼の悪口を言う者がいたので、他国へ出奔してしまった。

❖❖❖❖

春秋時代の諸侯の争いは、一方では国の併合によって強大化し、他方では国内の有力な家臣が君主の座をうばいとる「下剋上《げこくじょう》」の風潮をうみました。その象徴的な事件のひとつが本節の田氏《でんし》斉《せい》の成立です。また、同時期に韓《かん》・魏《ぎ》・趙《ちょう》の三家による晋《しん》の分国化もおき、中国史では、この年（紀元前四〇三年）をもって春秋時代から戦国時代に変わったとみています。春秋時代のはじめには「百二十国」あったといわれる諸侯国（『十八史略』春秋戦国の項では、そのうちの十七国について国別の略史を収めています）は、戦国

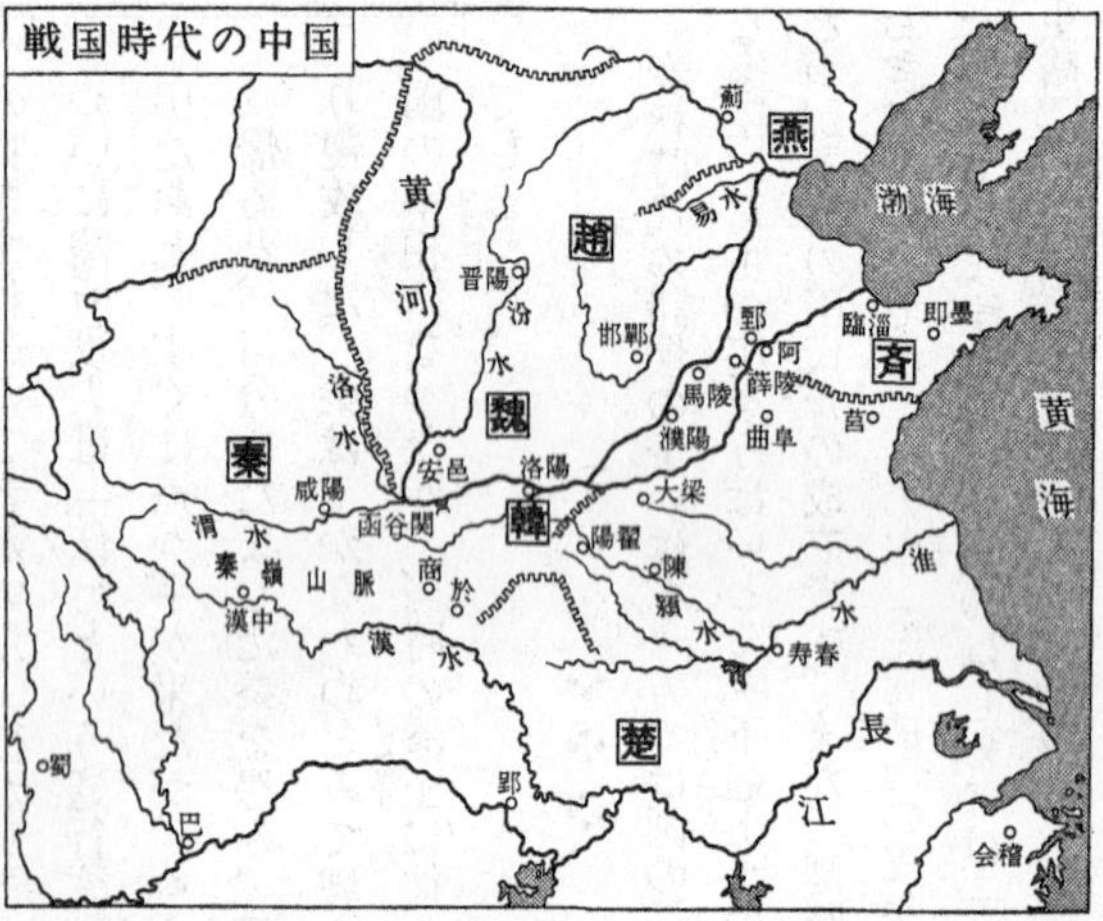

時代では、右の（田氏）斉・韓・魏・趙の四国に北の燕《えん》・西の秦《しん》・南の楚《そ》の三国を加えた七国にしぼられて、それぞれが存亡をかけて戦う時代になったのです（地図参照）。

本節では、さきに斉の桓公が覇者となって活躍した事を紹介しましたが、その当時、陳国から斉に逃げてきた田完《でんかん》という者が「工正《こうせい》」（土木監督官《どぼくかんとくかん》）として桓公に仕え、その子孫がやがて斉の実権をにぎるまでに至ったとあります。そのきっかけが、斉の景公《けいこう》（在位、紀元前五四七―四九〇年）のとき釐子《きし》（田）乞《き》という者が、民から賦税をとるときには「小さな斗枡《ます》」をつかい、反対に食糧を分け与えるときには「大きな斗枡」を使って、人気を得たことで、景公もそれを禁止しなかった、というのです。

この枡《ます》や物差《ものさ》しなど、同等でなければ不公平になるのが常識です。のち秦の始皇帝が天下を統一すると、まずはじめにこれら度量衡の統一をはかりました（紀元前二二一年）。

戦国斉の斗枡（山田慶児、浅原達郎訳『中国古代度量衡図集』1985年、みすず書房）

しかし、本節の話は、わざと二重基準を設けて民の人気を得ようとしたもので、今日では「大衆迎合」と言われ、あまり好ましいこととはされません。本来ならば、景公が禁止するべきでしょう。

やがて田氏は、斉君を超える封地をもち、君主の首のすげ替えを図ります。紀元前四八一年に簡公《かんこう》を弑殺《しいさつ》して平公《へいこう》をたてたのです。その仕上げが、名目上の周王朝の安王《あんおう》（在位、紀元前四〇一―三七六年）からの侯爵の授与です。こうして国名は斉でも君主は田氏一族が支配する体制ができ上がりました。これが戦国をつげる「下剋上」の実態です。

その後の斉は、しかし順調には発展しませんでした。歴代君主は、腰を低くして賢者を招きました。本節の宣王《せんおう》（在位、紀元前三四二—三二四年、『史記』による）の時代には、斉城の南の稷門《しょくもん》のもとに多くの学者が住みつき「稷下《しょくか》の学《がく》」という言葉もうまれました。人材は、学者だけでなく、孫臏のような軍師や後の「鶏鳴狗盗」の故事となったモノマネ芸人やコソ泥までも一芸に秀でておれば、みな食《しょく》客《かく》（私的な顧問官）として招かれたのです。それだけに同じ技術《わざ》の持ち主同士の競争も一段とはげしいものだったようです。本節の孫臏《そんぴん》と龐涓《ほうけん》の話もその例証でしょう。同学だった孫臏の才能を妬《ねた》んだ龐涓のひどい仕打ち（足を切られれば軍師としては戦場に出られず、入れ墨されては犯罪者とみられて人前にも出られないのですから、生きながら社会性を抹殺されたのです）も、孫臏が、春秋時代の兵法家孫武（生卒未詳。呉王の軍師。コラム「二人の孫子」を参照）の孫といわれる血統のよさに加え、現在『孫臏兵法』としてその著書が残るほど、深い兵学思想の持ち主だった事を考えれば、凡庸《ぼんよう》な兵法家には目ざわりで居てほしくないと考えたのは、当然かもしれません。結局は、孫臏のみごとな復讐がなされて、龐涓は彼のひきたて役にすぎなかった事がわかるのです。

ともあれ、高い才能や特殊な技術が、重宝され、さまざまな人が自由に活躍できたのが、戦国時代のもうひとつの面だったことを指摘しておきます。

◆田氏斉者、本嬀姓、故陳厲公佗子完之後也。完奔レ斉、為二陳氏一。後又以レ陳為二田氏一。完事二斉桓公一、為二工正一。卒謚二敬仲一。五世至二釐子乞一、事二斉景公一為二大夫一。其収二賦税於民一、以二小斗一受レ之、其粟予レ民、以二大斗一。行二私恵於民一、而公弗レ禁。由レ是得二斉衆一。乞専レ政。卒。子成子恒弑二簡公一立二平公一。封邑大二於公所一レ食。恒卒。襄子盤立、与二韓・趙・魏一通レ使。蓋三家且レ有レ晋、而田氏且レ有レ斉也。歴二荘子白一、至二太公和一、遂以二周安王命一為レ侯。

魏伐レ韓、韓請二救於斉一。斉使二田忌為一レ将。以救レ韓。魏将龐涓、嘗与二孫臏一同学二兵法一。涓為二魏将軍一、自以二所レ能不一レ及、以レ法断二其両足一而黥レ之。斉使至レ魏、窃載以帰。至レ是臏為二斉軍師一、直走二魏都一。涓去レ韓而帰。臏使下斉軍入二魏地一者、為中十万竈上、明日為二五万竈一、又明日為二二万竈一。涓大喜曰、我固知二斉軍怯一。入二吾地一三日、士卒亡者過半矣。乃倍レ日并レ行逐レ之。臏度二其行一、暮当レ至二馬陵一。道陿而旁多レ阻、可レ伏レ兵。乃斫二大樹一、白而書曰、龐涓死二此樹下一。令二斉師善射者、万弩夾レ道而伏一、期暮見二火挙一而発。涓果夜至二斫木下一、見二白書一、以レ火燭レ之。万弩倶発。魏師大乱相失。涓自刭。曰遂成二豎子之名一。斉大破二魏師一、虜二太子申一。

宣王卒、湣王立。靖郭君田嬰者、宣王之庶弟也。封二於薛一。有レ子曰レ文。食客数千人、名声聞二於諸侯一。号為二孟嘗君一。秦昭王聞二其賢一、乃先納二質於斉一、以求レ見。至則止、囚欲レ殺レ之。孟嘗君使下人抵二昭王幸姫一求上レ解。姫曰、願得二君狐白裘一。蓋孟嘗君嘗以献二昭王一、無二他裘一矣。客有下能為二狗盗一者上。入二秦蔵中一、取レ裘以献レ姫。姫為言得レ釈。即馳去、変二姓名一。夜半至二函谷関一。関法鶏鳴方出レ客。恐二秦王後悔追一レ之。客有下能為二鶏鳴一者上。鶏尽鳴。遂発レ伝。出食頃、追者果至。而不レ及。孟嘗君帰。怨レ秦、与二韓・魏一伐レ之、入二函谷関一。秦割レ城以和。孟嘗君相レ斉。或毀二之於王一。乃出奔。

◆二人の孫子

「風林火山《ふうりんかざん》」の出典が『孫子』にあることは、ご存じの人も多いでしょう。その孫子は孫武《そんぶ》とその孫《まご》の孫臏《そんぴん》の二人いて二人ともが『兵法書』を残していたことを知っている人は少ないと思います。

孫武は、孔子とほぼ同じ春秋時代に生きて呉王に仕えた将軍ですが、司馬遷の『史記』孫子列伝には呉の宮廷で女官百八十人を指揮して、その兵法を使ってみせた話が記されているだけです。他の同時代の歴史書である『春秋左氏伝《しゅんじゅうさしでん》』や『国語《こくご》』にも彼の活躍ぶりは、まったくみえないのです。

他方、本章で紹介した孫臏は、その兵法で、あざやかに魏の将軍・龐涓《ほうけん》を破った馬陵の戦いなどの実戦で大変有名ですが、長い間孫臏の『兵法書』なるものは伝承されていませんでした。そのため前者の孫武その人もその書も実在せず、戦国の兵法家たちが作りあげた偶像ではないかと疑われてきました。

しかし、後漢の班固《はんご》の『漢書《かんじょ》』の中の「芸文志《げいもんし》」（これは前漢の王室図書館の書物

目録です）には、

呉孫子兵法八十二篇図九巻

斉孫子八十九篇図四巻

とあって、二人の著作が記録されているのです。実は、一九七二年、中国の山東省臨沂《りんぎ》県銀雀《ぎんじやく》山《さん》一号漢墓から孫臏の兵法書が出土してこの記録が正しかったことが判明したのです。

なお、現存する孫武の『孫子』が十三篇であるのは、『三国志』で魏の国を建てることになる曹操《そうそう》（彼は、小説『三国志演義』の方では希代の大悪人にされていますが、実際は学問もあり詩人でもある智将でした）の手で編纂され直したもので、おそらくは『呉孫子兵法』がそのもとであったろうと言われています（武内義雄「孫子十三篇の作者」による）。孫武の書も孫臏の書も、今ではともに翻訳されておりますので、ご参看下さい。

第四章　統一の時代

戦国の争乱に終止符をうって中国に統一をもたらしたのは、秦王嬴政《えいせい》（のちの始皇帝）でした。秦は、春秋時代では西方の野蛮な国とみられていましたが、その後、主に法治政策をとって実力をつけ、紀元前二二一年に東の大国だった斉《せい》を滅して念願の統一をはたしたのです。そして枡や物差しなどの度量衡から貨幣や文字などを統一し、さらに全国を三十六郡に分けてそこへ役人を派遣して統一支配する体制（これを「郡県制《ぐんけんせい》」という、それまでの周王朝などの支配者から封地をあたえられてその土地に君臨して支配する「封建制」と区別します）を確立しました。こうした大規模な全国一律の支配は、古来の聖人君主たちすなわち「三皇五帝」もなしえなかった偉業であるからということで、新しく「皇帝」という称号をつけ、自分のことも「朕《ちん》」ということにしました。

これらは、以降二千年にわたる中国君主独裁王朝の基盤となりました（中国歴史学では、こちらを「封建制」といっています）が、当初は性急な改革に反対者も多く、それが悪名高い「焚書坑儒《ふんしょこうじゅ》」（法律や医薬農業などの実用書以外を焼却し、詩書礼楽を教授する儒学者などを穴埋めにする弾圧政策）を引きおこしました。結局、秦は始皇帝の急死で、わずか十五年間で滅亡し、再び争乱におちいり、その勝者・劉邦《りゅうほう》によって紀元前二〇二年に漢帝国が成立し、ここに前漢・後漢あわせて四百年の統一王朝が出現しました。それは始皇帝の作った統一体制にふさわしい内実、すなわち今日の中国文化を形成しましたが、ここでは『十八史略』にみえる始皇帝の生涯をみておきます。なお始皇帝死後の歴史は、『ビギナーズ・クラシックス中国の古典　史記』（福島正訳）に詳しく紹介されていますので、是非あわせて参看してください。

〔一〕始皇帝の出生　此れ奇貨なり。居くべし

秦《しん》の始皇帝《しこうてい》、名《な》は政《せい》、始《はじ》め邯鄲《かんたん》に生《う》まる。昭襄王《しょうじょうおう》の時《とき》、孝文王柱《こうぶんおうちゅう》、太子《たいし》たり。庶子《しょし》楚《そ》有《あ》り、趙《ちょう》に質《ち》たり。陽翟《ようたく》の大賈《たいこ》呂不韋《りょふい》、趙《ちょう》に適《ゆ》き、之《これ》を見《み》て曰《いわ》く、「此《こ》れ奇貨《きか》なり。居《お》くべし」と。乃《すなわ》ち秦《しん》に適《ゆ》き、太子《たいし》の妃《ひ》華陽夫人《かようふじん》の姉《あね》に因《よ》りて、以《もつ》て妃《ひ》に説《と》き、楚《そ》を立《た》てて適嗣《ちゃくし》と為《な》す。不韋《ふい》因《よ》りて邯鄲《かんたん》の美姫《びき》を納《い》る。娠《はら》むこと有《あ》りて楚《そ》に献《けん》ず。政《せい》を生《う》む。実《じつ》は呂氏《りょし》なり。孝文王《こうぶんおう》立《た》つ。三日《さんにち》にして薨《こう》ず。楚《そ》立《た》つ。是《これ》を荘襄王《そうじょうおう》と為《な》す。四年《よねん》にして薨《こう》ず。政《せい》生《う》まれて十三歳《じゅうさんさい》なり。遂《つい》に立《た》ちて王《おう》と為《な》る。母《はは》を太后《たいこう》と為《な》す。不韋《ふい》、荘襄《そうじょう》王《おう》の時《とき》に在《あ》りて、已《すで》に秦《しん》の相国《しょうこく》たり。是《ここ》に至《いた》りて文信侯《ぶんしんこう》に封《ほう》ぜらる。太后《たいこう》復《ま》た不韋《ふい》と通《つう》ず。王《おう》既《すで》に長《ちょう》じ、不韋《ふい》、事覚《ことあらわ》れ自殺《じさつ》す。太后《たいこう》廃《はい》せられて別宮《べっきゅう》に処《お》

る。茅焦《ぼうしょう》諫《いさ》む。母子《ぼし》乃《すなわ》ち復《ま》た初《はじ》めの如《ごと》し。

秦の始皇帝は、(嬴《えい》が姓で)名は政《せい》、(紀元前二五九年に)趙《ちょう》の都の邯鄲《かんたん》で生まれた。そのわけは、昭襄王《しょうじょうおう》の時にのちの孝文王柱《ちゅう》が皇太子となった。その柱には楚《そ》という妾腹《しょうふく》の子があって、趙の都の邯鄲《かんたん》に人質となっていた。陽翟《ようたく》出身の大商人の呂不韋《りょふい》が趙に来て、この楚を見そめて「これは珍品だ。将来のために手に入れておこう」と言(い、楚と関係をつけて出世しようと思)った。そこで、秦《しん》に行き、皇太子妃であった華陽《かよう》夫人の姉を介して子のなかった皇太子妃を説得し、趙の人質となっている楚を皇太子柱の跡継ぎとしてもらった。呂不韋《りょふい》はその一方で、邯鄲の美貌の舞姫を自分の妾《めかけ》にいれた。妊娠したのを知ってから彼女を楚に献上した。この女が、のちの始皇帝政を生んだ。始皇帝は、実は呂氏《りょし》の子であった。(前二五〇年に、昭襄王が死に)孝文王柱が即位した。だが三日後に逝去した。そこで楚が即位した。これが荘襄王《そうじょうおう》である。彼は四年後に逝去した。政は生まれてわずか十三歳であったが、ついに即位して秦王《しんおう》となった。母を太后《たいこう》と尊称した。呂不韋は荘襄王の時に、すでに秦の宰相であったが、この時になって文信侯《ぶんしんこう》に封ぜられた。太后はまた不韋と密通した。やがて秦王政が成人すると、呂不韋は事が発覚して自殺した。母も太后の尊号を取り上げられて別宮に住んだ。のち茅《ぼう》焦《しょう》という者が（秦王政を）いさめて、母子がやっとまた元どおり住むことになった。

❖❖❖❖

中国を統一した英雄は、歴史上何人もいましたが、卓越した統治能力を発揮した点では、この秦王嬴政《えいせい》（以下、始皇帝という呼びかたに統一します）の右に出るものはいないと思われます。異才の彼は、その誕生から既に通常の人とは違っていました。これまでの聖君ならば、北斗の星光とか巨人の足跡とかとの関係でしたが、始皇帝の場合は、商人呂不韋の隠し子だった、というのです。この話の真偽は、実際のところはわかりません。もとの司馬遷『史記』秦本紀《しんほんぎ》や秦始皇本紀《しんしこうほんぎ》には書かれていなくて同書の呂不韋列伝にみえるもので、あるいは両者に異才という共通性があってそう思われたのかもしれません。

じじつ呂不韋（？—紀元前二三五年）は、人質だった始皇帝の父の楚（一説に子楚ともいう）をみて「これ奇貨なり。居くべし」（これは珍品だ。将来のために手に入れておこう）と言ったという故事として余りにも有名です。その言葉は、商人として投機の才にすぐれていたことを示していても、決して人の才能を見ぬいた言葉ではありませんでした。この背景をすこし説明しておきます。

呂不韋は、陽翟《ようたく》の人といわれ、その地は夏王朝をひらいた禹《う》王が最初に封地としたところと伝えられ、春秋時代は鄭《てい》の国、戦国時代は韓《かん》の国に属して、一時は韓の都にもなったことがある由緒あるまちの出身でした。この地の「大賈」というのは、商品をもって行商する人を「商人」といい、店舗をかまえて販売する人を「賈人《かじん》」といって区別しますから、陽翟に大きな店をもっていたようです。前章で老子の「良賈《りょうこ》は深く蔵して（一流の商人は、収益を奥深くしまい込んで）」いる、という言葉を紹介しましたが、まさしく呂不韋もそうした一流の裕福な商人で、各地に行って安く仕入れて、高く売り「家に千金を累《かさ》ね（たくわえ）」ていたと司馬遷は呂不韋列伝に書いています。

他方、秦の人質だった楚《そ》という人物はどうだったのでしょうか。実は、二人が出会う前年（紀元前二六〇年）、秦は趙と戦って勝っています。その戦いを「長平《ちょうへい》の戦い」といい、戦国時代でも最も激しいものでした。というのも大敗した趙兵四十万人がことごとく殺されたのです。この趙の都に秦から人質として送られた若き楚には、母国からの仕送りもとだえがちで日用品にも不自由していたといいます。そのうえ、殺された趙の民の怨みもうけたに違いありません。その弱りきった楚に目をつけたのが、商才にたけた呂不韋だったのです。

各地をめぐっていた彼は、秦の圧倒的な強さも、秦王室の皇太子の正室に跡継ぎの男子がなくて困っていた事も、情報として知っていたはずです。この不遇の楚を支援すれば、秦の政治に参加しやがて天下統一も夢ではない、と考えたと思われます。

呂不韋の在世中にそれは実現しませんでしたが、彼は宰相になると当時最高の学者を秦にあつめて、彼らの学問を集大成した『呂氏春秋』という一書を編纂しました。この書は政治上ではなく、学術上での天下統一をなしとげた書と評されています。単なる商才だけの人ではなく、始皇帝の戦国統一の先駆けにふさわしい人物でもあったのです。それだけに、邯鄲の美貌の舞姫を利用し、その後の彼女との不倫関係で失脚し自殺させられるというのは、皮肉な運命です。

始皇帝によって統一された枡。下は枡の側面に刻印された詔〈みことのり〉
（山田慶児、浅原達郎訳『中国古代度量衡図集』1985年、みすず書房）

◆秦始皇帝、名政、始生二于邯鄲一。昭襄王時、孝文王柱為二太子一。有二庶子楚一、為レ質二于趙一。陽翟大賈呂不韋、適レ趙、見レ之曰、此奇貨。可レ居。乃適レ秦、因二太子妃華陽夫人之姉一、以説レ妃、立レ楚為二適嗣一。不韋因納二邯鄲美姫一。有レ娠而献二于楚一。生レ政。実呂氏。

孝文王立。三日而薨。楚立。是為二荘襄王一。四年薨。政生十三歳矣。遂立為レ王。母為二太后一。不韋在二荘襄王時一、已為二秦相国一。至レ是封二文信侯一。太后復与二不韋一通。王既長、不韋事覚自殺。太后廃処二別宮一。茅焦諫。母子乃復如レ初。

[二] 客卿李斯《かくけいりし》 泰山は土壌を譲らず

秦《しん》の宗室《そうしつ》・大臣《だいじん》、議《ぎ》して曰《いわ》く、「諸侯《しょこう》の人《ひと》、来《き》たりて仕《つか》うる者《もの》は、皆其《みなそ》の主《しゅ》の為《ため》に游説《ゆうぜい》するのみ。請《こ》う一切之《いっさいこれ》を逐《お》わんことを」と。是《ここ》に於《お》いて大《おお》いに索《もと》めて客《かく》を逐《お》う。客卿李斯《かくけいりし》、上書《じょうしょ》して曰《いわ》く、「昔穆公《むかしぼくこう》、由余《ゆうよ》を戎《じゅう》に取《と》り、百里奚《ひゃくりけい》を宛《えん》に得《え》、蹇叔《けんしゅく》を宋《そう》に迎《むか》え、丕豹《ひひょう》・公孫枝《こうそんし》を晋《しん》に求《もと》めて、国《くに》を幷《あわ》せること二《に》十《じゅう》、遂《つい》に西戎《せいじゅう》に覇《は》たり。孝公《こうこう》、商鞅《しょうおう》の法《ほう》を用《もち》い、諸侯親服《しょこうしんぷく》し、今《いま》に至《いた》るまで治《おさ》まりて強《つよ》し。恵王《けいおう》、張儀《ちょうぎ》の計《けい》を用《もち》い、六国《りっこく》の従《しょう》を散《さん》じ、之《これ》をして秦《しん》に事《つか》えしむ。昭王《しょうおう》、范雎《はんしょ》を得《え》て公室《こうしつ》を強《つよ》うす。此《こ》の四君《しくん》は、皆《みな》、客《かく》の功《こう》を以《もっ》てす。客何《かくなん》ぞ秦《しん》に負《そむ》かんや。泰山《たいざん》は土壌《どじょう》を譲《ゆず》らず、故《ゆえ》に大《だい》なり。河海《かかい》は細流《さいりゅう》を択《えら》ばず、故《ゆえ》に深《ふか》し。今乃《いますなわ》ち黔首《けんしゅ》を棄《す》てて以《もっ》て敵国《てきこく》に資《し》し、賓客《ひんかく》を卻《しりぞ》けて以《もっ》て諸侯《しょこう》を業《ぎょう》す。所謂《いわゆる》寇《あだ》に兵《へい》を籍《か》し、盗《とう》に糧《りょう》を齎《もたら》す者《もの》なり」と。王《おう》、乃《すなわ》ち李斯《りし》に聴《き》いて、其《そ》の官《かん》を復《ふく》し、逐客《ちくかく》の令《れい》を除《のぞ》く。

斯《し》は楚人《そひと》にして、嘗《かつ》て荀卿《じゅんけい》に学《まな》ぶ。秦《しん》 卒《つい》に其《そ》の謀《はかりごと》を用《もち》いて天下《てんか》を幷《あわ》す。韓非《かんぴ》という者有《ものあ》り、刑名《けいめい》を善《よ》くす。韓《かん》の為《ため》に秦《しん》に使《つか》いし、因《よ》りて上書《じょうしょ》す。王《おう》、之《これ》を悦《よろこ》ぶ。斯《し》、疾《にく》みて之《これ》を間《かん》し、遂《つい》に吏《り》に下《くだ》す。斯《し》、之《これ》に薬《くすり》を遺《おく》りて自殺《じさつ》せしむ。

秦王の一〇年(前二三七年)秦の皇族・大臣たちが、協議して、「他の諸侯国からの客人《かくじん》でわが秦に来て仕えている者は、皆その出身国の主君のために説いているにすぎない。どうか全員を秦から放逐していただきたい」と言上した。そこで、大々的に客人を探し出して追放した。客人で大臣だった李斯《りし》がこれに反対し上書して次のように言った。「昔、わが秦の穆公《ぼく》は、由余《ゆうよ》を西方の蛮国戎《じゅう》より取りたて、百里奚《けい》を宛《えん》の地で手に入れ、蹇叔《けんしゅく》を宋《そう》より迎え、丕豹《ひひょう》・公孫枝《こうそんし》を晋から求めて臣とした結果、他国を二十余も併合し、西戎の地に覇者となりました。孝公《こうこう》は、衛国出身の商鞅《おう》の法令を採用して、富強をはかった結果、諸侯が親和し服従して、今に至るまで秦はよく治まり強大です。恵王は魏国出身の張儀の計略を採用して、（蘇秦《そしん》のくわだてた）六国の合従《がっしょう》を解散させ、六国を秦に仕えるようにしむけました。昭襄王は魏国出身の范雎《はんしょ》を得て、秦国の王室を強化しました。この四人の君主の成功は、いずれも他国出身の客人のはたらきによったものであります。客人がどうして秦に不利益になりましょう。泰山は、土くれすら、他に譲り渡さないので、巨大な偉容を誇るのです。黄河や海は小さな流れもえり好みせずに受け入れるので深いのです。今、人民を棄《す》てては、敵国を助けることになりますし、賓客を締め出しては、諸侯を利することになります。これではいわゆる敵兵に武器を貸し与え、盗人に食糧をくれてやるのと同じであります（ぜひ再考してください）」と。秦王はそこで李斯の言を聞きいれて、客人の官を回復し、客人追放の命令を取り消した。

李斯は、楚国出身の人で、以前、儒家の荀子に学んだことがあった。秦は、結局彼の策謀を用いて天下を統一した。当時、韓非子《かんぴし》という思想家がおり、名実一致を説く刑名《けいめい》の学説に長じていた。彼は韓の国の使者として秦に来て、そこで秦王に上書し自説を述べた。秦王はこれを読んで喜んだ。李斯は（かつて荀子の下でともに学んだ韓非子の才能を知っていて）嫉妬《しっと》し、秦王に韓非子の不利益を説いて彼と離反させ、とうとう韓非子を罪に落として獄吏に渡した。さらに李斯は獄中の韓非子に毒薬を送り自殺させた（紀元前二三三年）。

❖　❖　❖　❖

始皇帝をたすけて天下統一とその後の政権維持に尽力した人物に李斯《りし》（?—紀元前二〇八年）がいます。彼の活躍も、呂不韋と同じように『史記』李斯列伝に詳しく紹介されています。それによれば、李斯は、戦国楚の上蔡《じょうさい》の地で生まれました。上蔡というのは、春秋時代に淮水《わいすい》流域の蔡《さい》という国の古都でした。彼ははじめこの地の小役人でしたが、ある日こんな体験をしたといいます。

便所のネズミをよくみると汚物をおどおどしながら食べている。ところが役所の穀物倉庫に行くと太ったネズミが貯蔵された穀物をのうのうと食べている。人間もこのネズミのように居場所で決まるのだ、と思い到ったというのです。彼は、そこで荀子の下で「帝王の術」を学び、秦に赴いて呂不韋のひきをえて、やがて秦の「客卿《かくけい》」、すなわち外国からきた大臣にとりたてられたのです。

その李斯の地位を危うくしたのが秦国の宗室や大臣たちの「逐客令《ちくかくれい》」でした。これは外国人の協力なしで秦国の政治を運営しようというナショナリズムの主張でした。それを取り消すべく書かれた李斯の上書が、本節の内容です。ここには、秦国を強化してきた秘密が説きあかされています。その要旨は、外国から有能な人材を登用してその働きが功を奏したもので、そうした賢君が本文にある春秋時代の穆公《ぼくこう》（在位、紀元前六五九―六二一年。本文の四人の家臣を登用し秦の中興の祖と称される）、戦国時代の孝公《こうこう》（在位、紀元前三六一―三三八年。法家思想家の公孫鞅《こうそんおう》の法治主義政策を採用して強国の仲間入りを果たした）、恵《けい》（文《ぶん》）王《おう》（在位、紀元前三三七―三一一年。縦横家《しょうおうか》の張儀《ちょうぎ》を登用して六国の秦への包囲対抗策「合従策《がっしょうさく》」〈合縦《がっしょう》ともいう〉を阻んで秦と協調する「連衡策《れんこうさく》」〈連横《れんこう》ともいう〉をとらせた）、昭《しょう》（襄《じょう》）王《おう》（在位、紀元前三〇六―二五一年、范雎《はんしょ》を登用して「遠交近攻策《えんこうきんこうさく》」により六国を分断して戦勝し、統一の足場づくりを果たした）の四人です。こうした秦国の歴史事実をならべられては、始皇帝も反対できなかったのです。

なお、李斯は、儒家の大学者の荀子《じゅんし》（紀元前三一三？—二三八年）の門に学んでいますが、その同学に法家思想の集大成者として有名な韓非子《かんぴし》（紀元前二八〇？—二三三年）がいて、二人が秦で再会します。韓非子は、もともと韓の公子で貴族でしたが、吃音でうまく喋ることができなかったので重用されなかったのです。しかし、著作の才があって自分の法治思想を文章にしたものを始皇帝が目をつけて読み、大変喜んだといいます。『史記』韓非列伝には「あゝ、寡人《わたし》は、此の人に見《あ》い、ともに交遊できたなら、死んでも恨まないぞ」と言った、とあります。そこで李斯の登場です。李斯は、自分の才能が韓非におよばない、と自覚していました。韓非を秦に呼び、その上、始皇帝には彼が秦の害になると説いて処刑させるように仕向け、毒薬を送って自殺させたのです。

この話は、前章の孫臏《そんぴん》と龐涓《ほうけん》の話に大変似ています。違うのは、龐涓は、生殺《なまごろ》しで逆襲されて大敗してしまいましたが、李斯はきっちりと為留《しと》めている点です。前者の失敗が歴史の教訓としてしっかり記憶にあっての事だったのです。とはいえ、その李斯の最後も同僚の趙高《ちょうこう》にはかられて三族抹殺《まっさつ》というおぞましいものでした。

◆秦宗室・大臣議曰、諸侯人来仕者、皆為二其主一游説耳。請一切逐レ之。於レ是大索逐レ客。客卿李斯上書曰、昔穆公取二由余於戎一、得二百里奚於宛一、迎二蹇叔於宋一、求二丕豹・公孫枝晋一、幷レ国二十、遂覇二西戎一。孝公用二商鞅之法一、諸侯親服、至レ今治強。恵王用二張儀之計一、散二六国従一、使二之事一レ秦。昭王得二范睢一強二公室一。此四君者、皆以二客之功一。客何負二於秦一哉。泰山不レ譲二土壌一、故大。河海不レ択二細流一、故深。今乃棄二黔首一以資二敵国一、卻二賓客一以業二諸侯一。所謂籍二寇兵一、而齎二盗糧一者也。王乃聴二李斯一、復二其官一、除二逐客令一。

斯楚人、嘗学二於荀卿一。秦卒用二其謀一幷二天下一。有二韓非者一、善二刑名一。為レ韓使レ秦、因上書。王悦レ之。斯疾而間レ之、遂下レ吏。斯遺二之薬一令二自殺一。

[三] 天下統一　天下を分かちて三十六郡となす

秦王《しんおう》、初《はじ》めて天下《てんか》を幷《あわ》す。自《みずか》ら以《おも》えらく、「徳《とく》は三皇《さんこう》を兼《か》ね、功《こう》は五帝《ごてい》に過《す》ぎたり」と。更《あらた》め号《ごう》して皇帝《こうてい》と曰《い》う。命《めい》を制《せい》と為《な》し、令《れい》を詔《しょう》と為《な》し、自《みずか》ら称《しょう》して朕《ちん》と曰《い》う。制《せい》して曰《いわ》く、「死《し》して行《おこな》いを以《もっ》て謚《おくりな》と為《な》すは、則《すなわ》ち是《こ》れ子《こ》、父《ちち》を議《ぎ》し、臣《しん》、君《くん》を議《ぎ》するなり。甚《はなは》だ謂《いわ》れ無《な》し。今《いま》より以来《いらい》、謚法《しほう》を除《のぞ》き、朕《ちん》を始皇帝《しこうてい》と為《な》し、後世《こうせい》以《もっ》て数《かず》を計《はか》り、二世三世《にせいさんせい》より万世《ばんせい》に至《いた》り、之《これ》を無窮《むきゅう》に伝《つた》えよ」と。天下《てんか》の兵《へい》を収《おさ》めて、咸陽《かんよう》に聚《あつ》め、銷《しょう》して以《もっ》て鐘《しょう》・鐻《きょ》・金人《きんじん》十二《じゅうに》を為《つく》る。重《おも》さ各《おの》おの千石《せんせき》。天下《てんか》の豪富《ごうふ》を咸陽《かんよう》に徙《うつ》すこと、十二万戸《じゅうにまんこ》。丞相《じょうしょう》王綰等《おうわんら》言《い》う、「燕《えん》・斉《せい》・荊《けい》は地《ち》遠《とお》し。王《おう》を置《お》かずんば、以《もっ》て之《これ》を鎮《しず》むる無《な》けん。請《こ》う諸子《しょし》を立《た》てよ」と。始皇《しこう》、其《そ》の議《ぎ》を下《くだ》す。廷尉《ていい》李斯《りし》曰《いわ》く、

「周《しゅう》の武《ぶ》王《おう》の封《ほう》ずる所《ところ》の子《し》弟《てい》同《どう》姓《せい》甚《はなは》だ衆《おお》し。後《のち》、属《しょく》疎《そ》遠《えん》にして、相《あい》攻《こう》撃《げき》すること仇《きゅう》讐《しゅう》の如《ごと》し。今《いま》海《かい》内《だい》、陛《へい》下《か》の神《しん》霊《れい》に頼《よ》りて一《いっ》統《とう》し、皆《みな》郡《ぐん》県《けん》と為《な》る。諸《しょ》子《し》・功《こう》臣《しん》は、公《おおやけ》の賦《ふ》税《ぜい》を以《もっ》て之《これ》を賞《しょう》賜《し》せば、甚《はなは》だ足《た》りて制《せい》し易《やす》し。天《てん》下《か》異《い》意《い》無《な》きは、則《すなわ》ち安《あん》寧《ねい》の術《じゅつ》なり。諸《しょ》侯《こう》を置《お》くは便《べん》ならず」と。始《し》皇《こう》曰《いわ》く、「天《てん》下《か》初《はじ》めて定《さだ》まるに、又《また》復《ま》た国《くに》を立《た》つるは、是《こ》れ兵《へい》を樹《た》つるなり。而《しこ》うして其《そ》の寧《ねい》息《そく》を求《もと》むるは、豈《あに》難《かた》からずや。廷《てい》尉《い》の議《ぎ》是《ぜ》なり」と。天《てん》下《か》を分《わ》かちて三《さん》十《じゅう》六《ろく》郡《ぐん》と為《な》し、守《しゅ》・尉《い》・監《かん》を置《お》く。

秦王二六年（紀元前二二一年）秦王政ははじめて天下を統一した。政は自分でこう考えた。「おのれの徳は三皇の徳を兼備《けんび》し、功績は五帝より勝っている」と。そこで称号を変更して皇と帝を兼ねた「皇帝《こうてい》」とした。自分の下す命令を「制《せい》」とし、布告を「詔《しょう》」とし、自称して「朕《ちん》」と言った。そして次のような制を下した。「皇帝が死んでからその生前の行為をもとに謚《おくりな》をつけるのは、これは子が父のよしあしを論議し、家臣が君主のよしあしを論議することであって、はなはだ道理に合わないことである。今より以降、このような諡法《しほう》を取りやめ、朕を始皇帝《しこうてい》とし、後の世ではその即位の順序の数によって、二世皇帝、三世皇帝として万世皇帝に至るまで、これを限りなく伝えよ」と（こうして、秦王は「始皇帝」と称することになったのである）。始皇帝はまた、天下の兵器を没収し、都の咸陽に集め、溶かしてつり鐘・つり鐘かけ・銅像十二体をつくった。その重さは、おのおの一千石だった。さらに天下の富豪を、都の咸陽に移住させ、その数は十二万戸にのぼった。

丞相の王綰《おうわん》らが天下統一後の安定策として「燕・斉・荊《けい》（楚）の地は、遠方です。王をおいて治めないと、鎮《しず》め安《やす》んじることができません。どうか、諸皇子を王としてお立てください」と言上した。始皇帝は臣下にその評議をさせた。法務長官にあたる「廷尉」の李斯《りし》は、次のように言った。

「周の武王が殷周《いんしゅう》革命後、各地の王に封じた子弟や同族は、たいそう大勢おりました。しかし後代には族としてのつながりが疎遠になって、互いに仇敵《きゅうてき》のごとく攻撃し合いました。今、天下は陛下の神のごときお力によって統一されて、皆郡と県とに行政区分されるようになりました。諸皇子・功臣には、公的な租税でもって恩賞《おんしょう》をたまわれば十分で、統制《とうせい》も容易です。天下に異見《いけん》をもつ者がいないことこそが、安定の策です。遠地に王をたて諸侯をおくのは良策ではありません」と。始皇帝は断を下してこう言った。「天下がやっと安定したのに、また諸侯の国をたてるのは、戦いの原因を残すようなものである。それでいて天下の安定と休息とを求めるのは、実に難しいことではないか。（だから、朕は王をおかないとする）廷尉の議論をよしとする」と。こうして天下を区分して三十六郡とし、行政長官の「守《しゅ》」・軍事責任者の「尉《い》」・監督官の「監《かん》」の三官を配置して支配体制とした。

❖　❖　❖　❖

秦王嬴政《えいせい》が十三歳で王位をついでより、二十六年たった西暦紀元前二二一年、三十九歳にして彼は念願の天下統一をはたしました。そして、従来とは異なる諸政策を次々と打ちだして、彼が新しい支配者であることをアピールしました。その最初が、「皇帝」

始皇帝の詔書を刻んだ重さ１石の鉄製分銅。28kgある。
（山田慶児、浅原達郎訳『中国古代度量衡図集』1985年、みすず書房）

という称号です。自分自身を「朕《ちん》」とよび、国民を「黔首《けんしゅ》」とよばせました。また、死後に王名をつける「諡法」を廃止して、始皇帝・二世皇帝・三世皇帝……と称するようにもさせました。こうした一連の統治政策の中でも、各地の「兵」つまり兵器類をあつめて、都の咸陽にて巨大なつり鐘・つり鐘の台・銅製の人物像十二体を鋳造させたのは、民から武器をとり上げて二度と戦乱をおこさないようにしようとする秦の平和安定策でした。日本も戦国末期に秀吉によって「刀狩り」が行われましたが、その先駆であったといえます。ただ鋳造した像などは、その重さが「一千石《いっせんせき》」あったといいます。

当時の一石は、約三〇キログラムですから、一千石は三〇トンの重さになり、かなり大きな鐘や像だったに違いありませんが、それで全国の武器が姿を消したとは思われません。事実、始皇帝がのち全国を巡視してまわった時、彼を暗殺しようと企てた張良《ちようりよう》は重さ百二十斤《きん》の「鉄椎《てつつい》」を作って始皇帝の車に撃ちかかりましたが、失敗しています（詳しくは『史記』留侯世家をご覧下さい）。武器の有無では社会の安定は保障されないのです。

また、始皇帝は全国の「豪富《ごうふ》」（大富豪）を咸陽に移住させました。これは、彼らが、地方の有力者として財力をバックにした影響力をふるえないように図ったものです。当時、呂不韋のような政商から出世して諸侯なみになった豪商がいる一方で、游俠《ゆうきよう》から反秦軍に身を投じた季布《きふ》のように「黄金百斤を得るよりは、季布の一諾《いちだく》（一言の承諾《しようだく》）のある方がましだ」といわれるような財富よりは信義に生きる人物もいて、彼らの影響力を除くには、容易ではなかったはずです。ともあれ十二万戸の富豪たち（一戸が家族八人としても百万人になります）を都の咸陽に移住させるのは、同時に彼らをとおしてその文化、文物をもとり揃《そろ》えることができ、かつ秦の地方支配も容易にできるような施策であったのです。

こうした施策の上に李斯の提案した「天下を分かちて三十六郡とな」して、そこに「守《しゅ》」という行政長官、「尉《い》」という軍事責任者、「監《かん》」という監督官の三官を配して、中央の命令を一律に実行する、いわゆる郡県制の実行が可能だったのです（封建制から郡県制への変更については、コラムを参照）。

始皇帝や李斯の以上の試みは、のちの天下支配の原型をつくったものとして、大変、重要な意味をもちますが、始皇帝が企てた厳しい法律によるその性急な実行には、まだまだ抵抗も多く、社会的条件も十分に整ってはいませんでした。そのことを一番よく知っていたのも、始皇帝だったかもしれません。

◆秦王初并二天下一。自以徳兼二三皇一、功過二五帝一。更号曰二皇帝一。命為レ制、令為レ詔、自称曰レ朕。制曰、死而以レ行為レ謚、則是子議レ父、臣議レ君也。甚無レ謂。自レ今以来、除二謚法一、朕為二始皇帝一、後世以計レ数、二世三世至二于万世一、伝二之無窮一。収二天下兵一、聚二咸陽一、銷以為二鐘・鐻・金人十二一。重各千石。徙二天下豪富於咸陽一、十二万戸。丞相王綰等言、燕・斉・荊地遠。不レ置レ王無二以鎮一レ之。請立二諸子一。始皇下二其議一。廷尉李斯曰、周武王所レ封子弟同姓甚衆。後属疎遠、相攻撃如二仇讐一。今海内頼二陛下神霊㆒一統、皆為㆓郡県㆒。諸子・功臣、以㆓公賦税㆒賞㆓賜之㆒、甚足易㆑制。天下無㆓異意㆒、則安寧之術也。置㆓諸侯㆒不㆑便。始皇曰、天下初定、又復立㆑国、是樹㆑兵也。而求㆓其寧息㆒、豈不㆑難哉。廷尉議是。分㆓天下㆒為㆓三十六郡㆒、置㆓守・尉・監㆒。

［四］天下巡幸　秦を亡ぼす者は胡《こ》ならん

二十八年《にじゆうはちねん》。始皇《しこう》、東《ひがし》のかた郡県《ぐんけん》を行《めぐ》る。鄒《すう》の嶧山《えきざん》に上《のぼ》り、石《いし》を立《た》てて功業《こうぎよう》を頌《しよう》す。泰山《たいざん》に上《のぼ》り、石《いし》を立《た》てて封《ほう》じて祠祀《しし》す。既《すで》に下《くだ》るに、風雨《ふうう》暴《にわ》かに至《いた》る。樹下《じゆか》に休《いこ》う。其《そ》の松《まつ》を封《ほう》じて五大夫《ごたいふ》と為《な》す。梁父《りようほ》に禅《ぜん》す。遂《つい》に東《ひがし》して、海上《かいじよう》に遊《あそ》ぶ。方士《ほうし》の斉人徐市《せいひとじよふつら》等、上書《じようしよ》して、童男童女《どうだんどうじよ》と海《うみ》に入《い》り、蓬莱《ほうらい》・方丈《ほうじよう》・瀛洲《えいしゆう》の三神山《さんしんざん》の仙人《せんにん》、及《およ》び不死《ふし》の薬《くすり》を求《もと》めんことを請《こ》う。其《そ》の言《げん》の如《ごと》く市等《ふつら》を遣《つか》わして行《ゆ》かしむ。始皇《しこう》、江《こう》に浮《う》かんで湘山《しようざん》に至《いた》る。大風《たいふう》ありて幾《ほと》んど渡《わた》ること能《あた》わず。博士《はくし》に問《と》いて曰《いわ》く、「湘君《しようくん》は何《なん》の神《かみ》ぞ」と。対《こた》えて曰《いわ》く、「尭《ぎよう》の女《むすめ》にして舜《しゆん》の妻《つま》なり」と。始皇大《しこうおお》いに怒《いか》り、其《そ》の樹《き》を伐《き》り其《そ》の山《やま》を赭《しや》にす。

三十二年《さんじゆうにねん》。始皇《しこう》、北辺《ほくへん》を巡《めぐ》る。方士《ほうし》盧生《ろせい》、海《うみ》に入《い》りて還《かえ》り、録図書《ろくとしよ》を奏《そう》す。曰《いわ》く、「秦《しん》を亡《ほろ》ぼす者《もの》は胡《こ》ならん」と。始皇《しこう》乃《すなわ》ち蒙恬《もうてん》を遣《つか》わし、兵三十万人《へいさんじゆうまんにん》を発《はっ》して、北《きた》のかた匈奴《きようど》を伐《う》ち、長城《ちようじよう》を築《きず》かしむ。臨洮《りんとう》より起《お》こり遼東《りようとう》に至《いた》るまで、延袤万余里《えんぼうまんより》。威《い》、匈奴《きようど》に振《ふ》るう。

　秦王在位二八年（紀元前二一九年）。始皇帝は、東方におもむきその地の郡県を巡幸した。山東の鄒《すう》にある嶧山《えきざん》に登り、石碑を建てて、自分のなしとげた天下統一の功業をたたえる文を刻した。次に、同じ山東にある泰山《たいざん》に登り、石碑を建てて土を盛った封《ほう》をつくり天をまつる「封《ほう》」の祭りをした。終わって下山しだすと、急に風雨がやって来たので、松の木の下で休憩して風雨をさけた。このお礼としてその松に五大夫の爵位を与えた。泰山のふもとの梁父《りようほ》山にて地をはらって大地をまつる「禅《ぜん》」の祭りをした。その後、東のはての海岸についた。この時方士で斉の人、徐市《じよふつ》らが、上書して幼少の男女をともなって海に出て、蓬萊《ほうらい》山・方丈《ほうじよう》山・瀛洲《えいしゅう》山の三神山に行き、その地の仙人および不死の仙薬を求めてきたいと願いでた。始皇帝はそのことばどおりにして、徐市らを行かせた。

その後始皇帝は、長江を溯航《そこう》して湖南の湘山《しょうざん》にやって来た。すると突如大風が吹いて湘水がまるきり渡れなくなった。始皇帝は、そこで博士に「湘水の神はどんな神か」と下問した。博士は「帝尭の娘で、帝舜の妻となった二柱の女神でございます」と答えた。始皇帝は女神のしわざと知って大いに怒り、湘山の樹木を切りはらって、丸裸にしてしまった。

秦王在位三二年（紀元前二一五年）。始皇帝は、北方の辺境（地域）を巡幸した。この時方士の盧生《ろせい》が、海に出て神仙と会って帰り、手に入れてきた予言書の『録《ろく》図書《としょ》』を献上した。そこには「秦を滅ぼすものは、胡であろう」とあった。始皇帝は（胡を北方の胡《えびす》すなわち匈奴《きょうど》族のことと思いこみ）そこで将軍蒙恬《もうてん》を派遣し、三十万の兵をくり出し、北方に進んで匈奴を討ち、あわせ長城を築かせた。その長城は西は臨洮《りんとう》より東は遼東《りょうとう》に至るまで、延々《えんえん》一万里余りもあった。これにより秦の国威は匈奴にひびき渡ったのである。

❖❖❖❖

始皇帝は、天下統一をはたした翌年から、何度も国内を巡幸しています（次頁の地図参照）。その目的はなんだったのでしょう。各地の人々に、新しく統一支配者となった自分の姿、その威光をみせつけることやその地に派遣した役人の働きぶりをチェックする必要もあったことと思われます。しかし、本節に紹介されているとおり、始皇帝の狙いはそれだけではなく、各地の名山を祭り、その頂上に石碑をたてて、自分の功業を刻んでいるのです。地上の人に読ませるのなら、街中に建てるべきですが、始皇帝は、北は河北の碣石《けつせき》から南は江蘇と浙江の境にある会稽山《かいけいざん》まで足をのばしています。特に泰山《たいざん》では天を祭る「封《ほう》」の祭りを行い、梁父山《りょうほざん》では地を祭る「禅《ぜん》」の祭りを挙行しています。このことは始皇帝が地上の人間界の王として、天と地とを相手にして何らかの意思表示をしたものだったように思われます。

その意思のひとつは、方士《ほうし》（または「方術士《ほうじゅつし》」と呼ばれる超能力者）を近づけて、彼らの言う神仙との接触に意欲を示したことです。自分も不老不死の仙人になりたい、と思ったのかも知れません。ただ、始皇帝ら秦の王位を継いだ者は、即位した時から死後の生活を考えた巨大な地下墓地を準備しています。その一端は、一九七四年に中国の咸陽

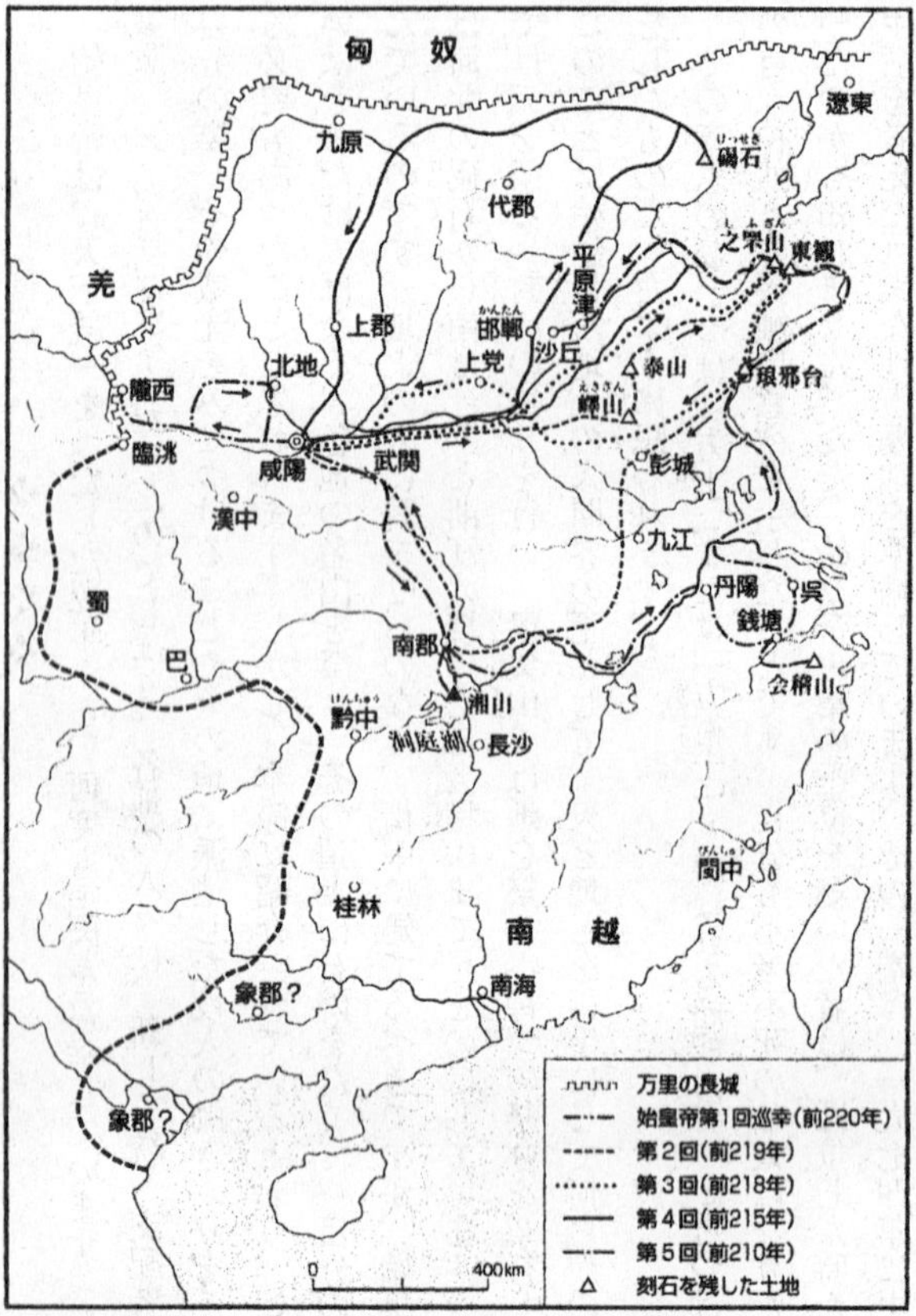

秦の領域および始皇帝の巡幸図

嶧山の始皇帝の石碑。文章は李斯が書いたもの
（『西安碑林書法芸術』1992年）

郊外から多数の兵馬俑《へいばよう》（兵士や馬車などの像）が出土し、これらは始皇帝の陵墓を守る地下軍団であったと思われますが、長期間の準備と費用をかけていたことがわかります。人一倍、能力のあった始皇帝が安易に神仙に頼ったとは考えがたいのです。

その証拠に本節の後半に湖南の湘山に行き、その地の湘水《しょうすい》という川が、天候不順で渡れないことに怒って水神の正体を尋ねています。すると博士官にいた学者が、かの聖君帝尭の二人の娘で舜に嫁したと言われる「娥黄《がこう》」と「女英《じょえい》」だと答えます（この二人については、本書の第一章［五］を参照）。始皇帝は湘山の樹木を切りはらって丸裸にしてしまったとあります。神をも恐れぬ所業だったと言えましょう。

もっとも、始皇帝の方にも天下統一政策を実行するうえで、まだまだ問題がありました。そのひとつが国外にいて侵略の機会をうかがっていた騎馬民族の「匈奴《きょうど》」です。方士が仙人からもらったという『録図書《ろくとしょ》』なる予言書を献上しました。そこには「秦を滅ぼすものは、胡ならん」とあったので、始皇帝は、この胡を匈奴と解釈したといいますが、当時の政治情況で、そうした危惧《きぐ》が予感されていたに違いありません。ここから、有名な「万里の長城」づくりが始まったのです。それは、騎馬民族の侵入を防ぐばかりではなく、国内の不満分子や法律違反者、犯罪人などをあつめて働かせる場所にもなり、一石二鳥の政策でした。ただし、周知のとおり、この予言の「胡《こ》」は野蛮な異民族を意味する「胡《えびす》」ではなく、自分の末子「胡亥《こがい》」（二世皇帝）だったのです。なお方士の徐《じょ》市《ふつ》（『史記』では徐福《じょふく》）が、童男童女とともに日本へ渡ったとして、日本の各地に徐市渡来の伝説が残っています。

◆二十八年。始皇東行二郡県一。上二鄒嶧山一、立レ石頌二功業一。上二泰山一、立レ石封祠祀。既下、風雨暴至。休二樹下一。封二其松一為二五大夫一。禅二于梁父一。遂東遊二海上一。方士斉人徐市等、上書、請下与二童男童女一入レ海、求中蓬萊・方丈・瀛洲三神山仙人、及不死薬上。如二其言一遣二市等一行。

始皇浮レ江至二湘山一。大風幾不レ能レ渡。問二博士一曰、湘君何神。対曰、尭女舜妻。始皇大怒、伐二其樹一赭二其山一。

三十二年。始皇巡二北辺一。方士盧生入レ海還、奏二録図書一。曰、亡レ秦者胡也。始皇乃遣二蒙恬一、発二兵三十万人一、北伐二匈奴一、築二長城一。起二臨洮一、至二遼東一、延袤万余里。威振二匈奴一。

［五］焚書坑儒《ふんしょこうじゅ》　吏《り》を以て師と為《な》せ

三十四年《さんじゅうよねん》。丞相《じょうしょう》李斯《りし》、上書《じょうしょ》して曰《いわ》く、「異時《いじ》、諸侯《しょこう》並《なら》び争《あらそ》い、厚《あつ》く遊学《ゆうがく》を招《まね》く。今天下《いまてんか》已《すで》に定《さだ》まり、法令一《ほうれいいつ》に出《い》ず。百姓《ひゃくせい》は、家《いえ》に当《あ》たりて則《すなわ》ち農工《のうこう》に力《つと》め、士《し》は則《すなわ》ち法令《ほうれい》を学習《がくしゅう》す。今諸生《いましょせい》、今《いま》を師《し》とせずして、古《いにしえ》を学《まな》び以《もっ》て当世《とうせい》を非《そし》り、黔首《けんしゅ》を惑乱《わくらん》す。令《れい》の下《くだ》るを聞《き》けば、則《すなわ》ち各《おの》おの其《そ》の学《がく》を以《もっ》て之《これ》を議《ぎ》す。入《い》りては則《すなわ》ち心《こころ》に非《ひ》とし、出《い》でては則《すなわ》ち巷《ちまた》に議《ぎ》し、群下《ぐんか》を率《ひき》いて以《もっ》て謗《そし》りを造《な》す。臣請《しんこ》う、史官《しかん》の秦《しん》の記《き》に非《あら》ざるものは皆之《みなこれ》を焼《や》き、博士《はくし》の官《かん》の職《しょく》とする所《ところ》に非《あら》ずして、天下《てんか》に詩書百家《ししょひゃっか》の語《ご》を蔵《ぞう》する者有《ものあ》らば、皆守尉《みなしゅい》に詣《いた》り、雑《まじ》えて之《これ》を焼《や》かんことを。詩書《ししょ》を偶語《ぐうご》する者有《ものあ》らば棄市《きし》せんことを。古《いにしえ》を以《もっ》て今《いま》を非《そし》る者《もの》は族《ぞく》せんことを。去《さ》らざる所《ところ》の者《もの》は、医薬《いやく》・卜筮《ぼくぜい》・種樹《しゅじゅ》の書《しょ》のみ。若《も》し法令《ほうれい》を学《まな》ばんと欲《ほっ》するもの有《あ》らば、吏《り》を以《もっ》て師《し》と為《な》せ」と。制《せい》して曰《いわ》く、「可《か》なり」と。

三十五年《さんじゅうごねん》。侯生《こうせい》・盧生《ろせい》、相与《あいとも》に始皇《しこう》を譏議《きぎ》し、因《よ》りて亡《に》げ去《さ》る。始皇大《しこうおお》いに怒《いか》りて曰《いわ》く、「盧生等《ろせいら》、吾尊《われたっと》びて之《これ》に賜《たま》うこと甚《はなは》だ厚《あつ》し。今乃《いますなわ》ち我《われ》を誹謗《ひぼう》す。諸生《しょせい》の咸陽《かんよう》に在《あ》る者《もの》、吾《われ》、人《ひと》をして廉問《れんもん》せしむるに、或《あ》るいは妖言《ようげん》を為《な》し以《もっ》て黔首《けんしゅ》を乱《みだ》す」と。是《ここ》に於《おい》て御史《ぎょし》をして悉《ことごと》く案問《あんもん》せしむ。諸生伝《しょせいつた》えて相告引《あいこくいん》され、乃《すなわ》ち自《おのずか》ら禁《きん》を犯《おか》す者四百《ものよんひやくろくじゅうよんにん》六十四人を除《わ》かつ。皆之《みなこれ》を咸陽《かんよう》に坑《あなうめ》にす。長子《ちょうし》扶蘇《ふそ》、諫《いさ》めて曰《いわ》く、「諸生皆法《しょせいみなほう》を孔子《こうし》に誦《しょう》す。今《いま》、上《しょう》、皆法《みなほう》を重《おも》くして之《これ》を縄《ただ》す。臣《しん》、天下《てんか》の安《やす》からざるを恐《おそ》る」と。始皇怒《しこういか》り、扶蘇《ふそ》をして北《きた》のかた蒙恬《もうてん》の軍《ぐん》を上郡《じょうぐん》に監《かん》せしむ。

秦王在位三四年（前二一三年）。丞相《じょうしょう》の李斯《りし》が上書して次のように言った。「前代には、諸侯が並立して争い、遊説の学者たちを厚遇して招きよせました。

今では天下がすでに定まり、法令も始皇帝お一人から出ております。人民は、家にいて農工につとめ、士人は官にいて法令を学ぶだけでよいのです。ところが今、学者たちは今の法令を手本とせず、古代の典籍を学んで当世を非難し、人民を惑わせ混乱に落としております。彼らは法令がしかれたと聞くと、めいめい自分の学識を基準にこれを議論しております。宮廷に入っては公然と口外せずに心中で非難し、宮廷を出ると市中で議論し、多くの門下生を従えて誹謗《ひぼう》ばかりしております。そこで臣《わたくしめ》は次のようなご処置をとるようお願いしたいのであります。史官の手になる秦の歴史記録以外は皆焼いてしまい、博士官が職務上保管しているもの以外で、この世に『詩経』『書経』および諸子百家の語録などの書物を所蔵している者がおれば、皆郡の郡守・丞尉《じょうい》のもとに出頭して差し出しあわせて焼いてしまうこと。『詩経』『書経』のことを論じ合う者がおれば市中で斬殺《ざんさつ》する棄市の刑に処すること。古代を基準に今を非難する者には、一族皆殺しの族刑に処すること。ただ残してよいものは、医薬・卜筮《ぼくぜい》・農業の書物だけにすること。もし法令を学びたい者がおれば、官吏を師とすることであります」と。

始皇帝はこれに対して制を下して「そのとおりにしてよい」とした。

秦王在位三五年（前二一二年）。方士の侯生《こうせい》と盧生《ろせい》がともに始皇帝を非難し、そして逃げ去った。始皇帝は大いに怒り、こう言った。「盧生らには、私はとても敬意をはらい恩賜の品もたいそう多くしてきた。それなのに今、かえって私を誹謗した。彼らのみならず咸陽《かんよう》にいる学者にも、私が人を使って調査させたところ、でたらめを言いふらして、人民を惑わしている者がいる」と。そこで御史《ぎょし》に学者たちをことごとく審問させた。学者たちは、次々に告発されしょっ引かれ、そして法を犯した者四百六十四人が選別された。始皇帝は彼らを皆咸陽にて穴埋めにした。始皇帝の長男扶蘇《ふそ》がいさめてこう言った。「学者たちは皆、法として孔子のことばを伝誦《でんしょう》しております。今、陛下は法律をきびしくしてこれを規制されましたが、臣《わたくしめ》はかえって天下が不安定になるのではないかと心配でありますす」と。これを聞くと始皇帝は怒って扶蘇を北方へつかわし、上郡《じょうぐん》の地に駐屯していた蒙恬《もうてん》軍を監督するという閑職においやった。

❖　❖　❖　❖

本節では始皇帝の四十七歳と四十八歳の時に起きた二つの事件を紹介します。

ひとつは、宰相李斯の上書に端を発した「焚書《ふんしょ》」つまり古典書籍の焼却事件です。この事件は始皇帝の文化抹殺《まっさつ》の一大暴挙として、長く語り継がれるものです。たしかに勉強するのは国の法律だけ、先生も国の役人でよい、というのでは、生活にうるおいが欠けてしまいます。それも、「古《いにしえ》をもって今を非《そし》る」こと、つまり現状への非難や批判も禁止されたら、息がつまりそうです。ただこのような強圧的な政策の背景にあるのは、天下統一からすでに十年近い歳月が流れながら、その統一の実績があがらず、世の中が不満ばかりだったからでしょう。そうした不満分子の先頭に立っていたのが他ならぬ古典文献を根拠にした儒学者たちだったのです。

もうひとつの事件は、そうした儒学者たちを穴埋めにして沈黙させた「坑儒《こうじゅ》」事件です。ただし直接のきっかけになったのは、方士《ほうし》盧生《ろせい》らの逃亡事件です。方士との交流は、さきに紹介したとおり統一の二年後に東方へ巡幸したおり徐市《じょふつ》（徐福）の上書にはじまりますが、始皇帝は本文にも言うとおり、彼らの言葉に耳を傾け、厚遇してきたのです。しかし、不老不死の薬や仙人の話は、もともとが虚偽《きょぎ》捏造《ねつぞう》のたぐいですから、時がたつほど破綻してその嘘がバレてしまいましょう。そうなればきびしく処罰されるのが法治国家の秦の政策です。

ちなみに前述の徐市《じょふつ》（徐福）は、『史記』始皇帝本紀によれば、この二年後（紀元前二一〇年）、宮廷に帰って神仙の住む島に近づこうとすると「大鮫魚《おおザメ》」に阻《はば》まれて行けなかったと弁解しています。始皇帝は、占い師に相談すると、これは悪神の化身したものだから除かなければならない、と言われ、みずから山東半島の琅邪《ろうや》から船に乗り之罘《しふ》の沖で「巨魚をみつけて射殺した」といいます。

ただ別の資料によれば、徐市は少年少女三千人と五穀のたねや百工（技術者）をつれて船出したまま、「平原広沢をみつけ、その地にとどまり王となって帰らなかった」（『史記』淮南衡山《わいなんこうさん》列伝）とも言われていて、どれが真実かわかりません。こんな方士たちに振りまわされた始皇帝の心理的要因は、やはり統治の不安定さにあったように思われます。

ともあれ、始皇帝の命でなされた学者のでたらめな調査結果は、四百六十四名が捕えられ穴埋めにされて終わったのです。これに反対して、始皇帝の長男扶蘇《ふそ》が言った、儒学者を弾圧することの方が、かえって社会を不安定にするという言葉は、実際、始皇帝の急死とともに現実化します。

なお、この「焚書坑儒」の影響がどれほどだったかはよくわかりませんが、書物をもてない時代はその後の漢代にも継続して、紀元前一九一年に民間人の蔵書を禁じた法「挟書《きょうしょ》の律《りつ》」が廃止されるまで続き、先秦の多くの書物が姿を消してしまったといわれます。

◆三十四年。丞相李斯上書曰、異時諸侯並争、厚招二遊学一。今天下已定、法令出レ一。百姓当レ家則力二農工一、士則学二習法令一。今諸生不レ師レ今、而学レ古以非二当世一、惑二乱黔首一。聞二令下一、則各以二其学一議レ之。入則心非、出則巷議、率二群下一以造レ謗。臣請、史官非二秦記一皆焼レ之、非二博士官所一レ職、天下有下蔵二詩書百家語一者上、皆詣二守尉一、雑焼レ之。有下偶二語詩書一者上棄市。以レ古非レ今者族。所レ不レ去者、医薬・卜筮・種樹之書。若有レ欲レ学二法令一、以レ吏為レ師。制曰、可。

三十五年。侯生・盧生相与譏二議始皇一、因亡去。始皇大怒曰、盧生等、吾尊賜レ之甚厚。今乃誹二謗我一。諸生在二咸陽一者、吾使二人廉問一、或為二妖言一以乱二黔首一。於レ是使二御史悉案問一。諸生伝相告引、乃自除二犯レ禁者四百六十四人一。皆坑二之咸陽一。長子扶蘇諫曰、諸生皆誦二法孔子一。今上皆重レ法縄レ之、臣恐二天下不一レ安。始皇怒、使三扶蘇北監二蒙恬軍於上郡一。

[六] 始皇帝の死　祖竜死なん

始《し》皇《こう》以為《おも》えらく、「咸陽《かんよう》は人《ひと》多《おお》くして、先王《せんおう》の宮庭《きゅうてい》小《しょう》なり」と。乃《すなわ》ち朝宮《ちょうきゅう》を渭南《いなん》の上林苑中《じょうりんえんちゅう》に営作《えいさく》し、先《ま》ず前殿《ぜんでん》を阿房《あぼう》に作《つく》る。東西五百歩《とうざいごひゃっぽ》、南北五十丈《なんぼくごじゅうじょう》、上《うえ》には万人《ばんじん》を坐《ざ》せしむべく、下《した》には五丈《ごじょう》の旗《はた》を建《た》つべし。周馳《しゅうち》して閣道《かくどう》を為《つく》る。殿下《でんか》より直《ただ》ちに南山《なんざん》に抵《いた》る。南山《なんざん》の顚《いただき》に表《ひょう》して以《もっ》て闕《けつ》と為《な》す。複道《ふくどう》を為《つく》り、阿房《あぼう》より渭《い》を渡《わた》り、之《これ》を咸陽《かんよう》に属《しょく》す。以《もっ》て天極《てんきょく》・閣道《かくどう》、漢《かん》を絶《わた》りて営室《えいしつ》に抵《いた》るに象《かたど》るなり。阿房《あぼう》の宮《きゅう》未《いま》だ成《な》らず。成《な》らば更《あらた》めて令名《れいめい》を択《えら》ばんと欲《ほっ》す。天下《てんか》之《これ》を阿房宮《あぼうきゅう》と謂《い》う。

始皇《しこう》、人《ひと》となり、天性剛戻《てんせいごうれい》にして自《みずか》ら用《もち》う。天下《てんか》の事《こと》、大小《だいしょう》と無《な》く、皆上《みなしょう》に決《けつ》す。衡石《こうせき》を以《もっ》て書《しょ》を量《はか》るに至《いた》る。日夜《にちや》程《てい》有《あ》り、休息《きゅうそく》するを得《え》ず。権勢《けんせい》を貪《むさぼ》ること此《か》くの如《ごと》きに至《いた》れり。秦《しん》に出使《しゅつし》する者有《ものあ》り。還《かえ》るに、人《ひと》の璧《へき》を持《も》ちて之《これ》に授《さず》くるに遇《あ》う。曰《いわ》く、「吾《わ》が為《ため》に滈池《こうち》の君《きみ》に遺《おく》れ。明年《みようねん》、祖竜死《そりゅうし》なん」と。三十七年《さんじゅうしちねん》。始皇《しこう》、出《い》でて遊《あそ》ぶ。丞相斯《じょうしょうし》・少子胡亥《しょうしこがい》・宦者趙高《かんじやちょうこう》従《したが》う。始皇《しこう》、沙《さ》丘《きゅう》の平台《へいだい》に崩《ほう》ず。秘《ひ》して喪《も》を発《はっ》せず。詐《いつわ》りて詔《しょう》を受《う》くと為《な》して、胡亥《こがい》を立《た》て、扶蘇《ふそ》に死《し》を賜《たま》う。始皇《しこう》を轀輬車《おんりょうしゃ》の中《うち》に載《の》せ、一石《いっせき》の鮑魚《ほうぎょ》を以《もっ》て其《そ》の臭《しゅう》を乱《みだ》し、咸陽《かんよう》に至《いた》りて始《はじ》めて喪《も》を発《はっ》す。胡亥《こがい》、位《くらい》に即《つ》く。是《これ》を二世皇帝《にせいこうてい》と為《な》す。

秦王三五年（紀元前二一二年）。始皇帝は、「都の咸陽は人が多くなり、先王の宮殿では狭すぎる」と考えた。そこで宮殿を渭水《いすい》の南の上林苑《じょうりんえん》中に造営することにし、まず前殿を阿房《あぼう》というところに建てた。その規模は東西が五百歩（六七五メートル）、南北が五十丈（一一二・五メートル）で、殿上に一万人も座ることができる広さがあり、殿下に高さ五丈の旗を立てることができる余地があった。苑内にぐるりと足高な回廊をもうけ、殿下から直接、南山に行き着けた。その南山の頂上に出るところに宮門を造った。さらに二階建て廊下を作り、阿房から渭水《いすい》を渡って咸陽までつづけた。これは天文のうえで皇帝に相当する北極星のある「紫微垣《しびえん》」の星座やそこから回廊である「閣道《かくどう》」の星座が、天の川である「漢《かん》」を横断して離宮の星座である「営室《えいしつ》」にまでつづくさまに似せたのである。阿房の宮殿はしかし秦の滅亡で未完成に終わった。完成すれば、あらためてよい名前を選択するようになっていた。だが、そうならなかったので世の人々は、これを阿房宮とよんだ。

始皇帝の性格は、生まれつき強情で、何事も自分でやった。世の大事も小事も区別なく、皆皇帝によって決裁された。そのため、決裁用の書類がはかりで量るほど大量になった。日夜、割り当てがあり、休息することもできないほどだった。始皇帝の権勢独占欲はこれほど極端になっていた。

当時、秦に他国へ使者として出た者がいた。任務を終えて帰還する時、たまま出会った人が玉璧《ぎょくへき》を持ち出して使者に手渡し、こう告げた。「どうか私のためにこれを咸陽にある滈池《こうち》の水神にささげてほしい。明年、祖竜（始皇帝）が死ぬだろうから」と。

秦王在位三七年（紀元前二一〇年）。始皇帝は咸陽を出て巡幸した。丞相《じょうしょう》の李斯《りし》、末子《すえつこ》の胡亥《こがい》、宦官《かんがん》の趙高《ちょうこう》がつき従った。始皇帝は、沙丘《さきゅう》の平台という宮殿で崩御した。しかし、趙高・李斯らは秘密にして喪を発表せず、また始皇帝の詔をうけたといつわり、末子の胡亥を皇帝に立て、長子の扶蘇《ふそ》に死を命じた。始皇帝の遺体を轀輬車《おんりょう》のなかにのせ、一石《いっせき》ものにおいの強い塩魚で死体の発する悪臭をまぎらせ、咸陽に着いてはじめて喪を発表した。こうして胡亥が即位した。これが二世皇帝である。

❖　❖　❖　❖

本節は、始皇帝晩年の阿房宮《あぼうきゅう》造営の記事、始皇帝の人間性や仕事ぶりの評価、そしてその死の予言と急死による不正な処置がとられて胡亥《こがい》の二世皇帝就任に至った経過が説明されています。

まず始皇帝の造営しようとした阿房宮ですが、関中盆地《ぼんち》を東西に流れる渭水《いすい》の南から秦嶺《しんれい》山脈に至る台地上の「上林苑」という広大な狩猟用園林に、東西五百歩（一歩は一・三五メートル。全長六七五メートル）南北五十丈（一丈は二・二五メートル、全長一一二・五メートル）の前殿を建てることになった、とあります。いずれ本殿、後殿と増築されるでしょうから、その全貌は、もし完成していたらどんな偉容を誇ったことでしょう。

そのマスタープランは、天空の星座にありました。天空の中心に位置する北極星（太《たい》一星《いっせい》ともいい皇帝にあてられます）をめぐる「紫微垣《しびえん》」という星座が始皇帝とそれまでの居城（咸陽）をさし、渭水を天の川（「漢」といいます）、この天の川をまたぐ「閣道《かくどう》」という星座をへて、その南の「営室《えいしつ》」（又は単に「室」ともいう）離宮をあらわす星座があるので、その様子をこの地上に再現させようとしたのです。これも一種の「天人相関《てんじんそうかん》」と言ってよいかと思いますが、その主体は天でなく人である始皇帝にありました。

そうした天にも勝とうとする始皇帝の人となりは、本文に「剛戻自《ごうれいじ》用《よう》」と評しているとおり、強情で何でも自分でしないと気がすまない性格でした。政治の決裁もすべて自分でしたので、その文書（当時は木簡《もっかん》か帛《しろぎぬ》で、まだ紙はありません）を、一日に一石《いっせき》（約三〇キログラム）と決めて処理していたのです。本文では、これを「権勢《けんせい》を貪《むさぼ》ること」と評していますが、始皇帝の独裁体制がそうせざるを得なかったのです。後世では、秘《ひ》

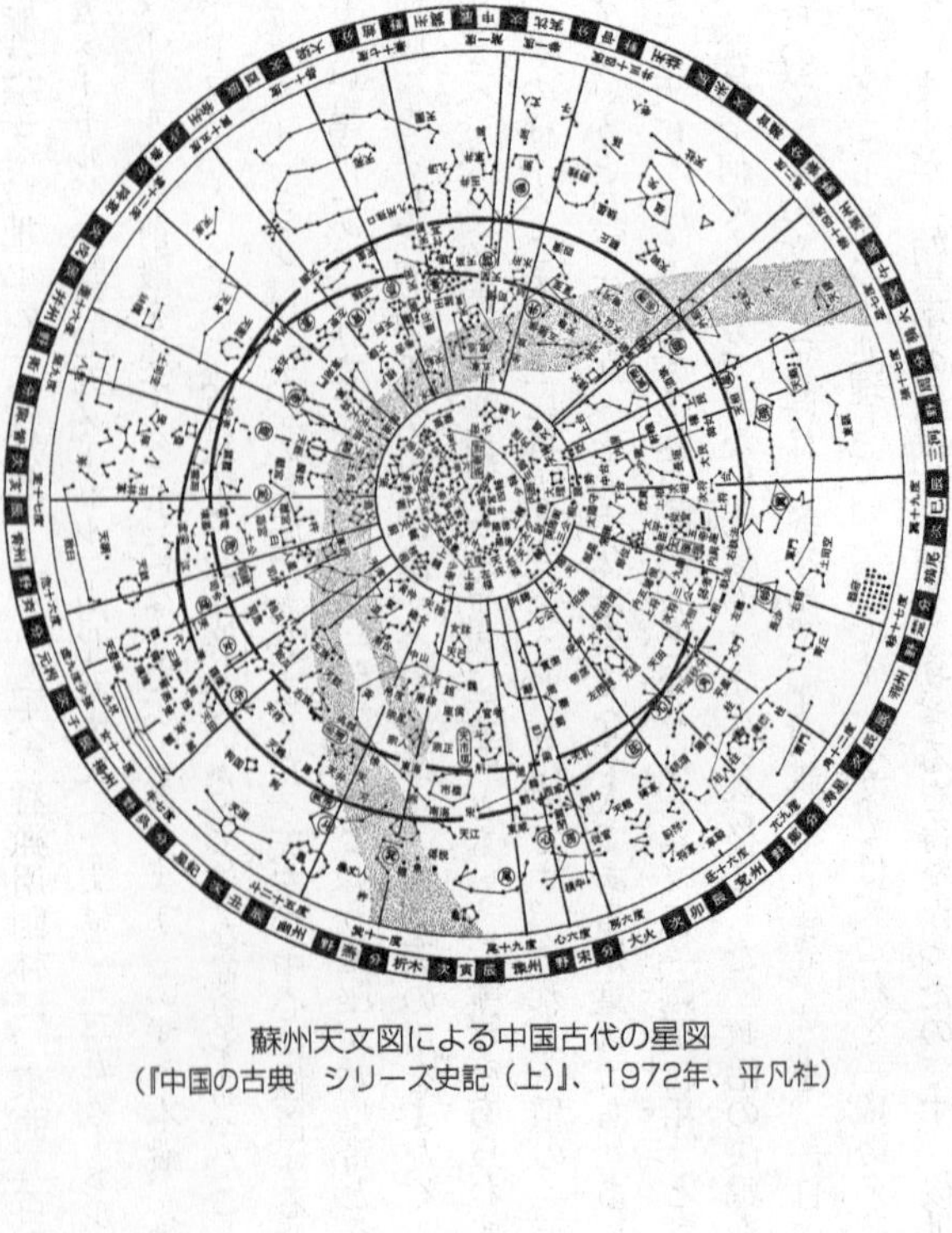

蘇州天文図による中国古代の星図
(『中国の古典　シリーズ史記（上)』、1972年、平凡社)

玉璧　漢代の出土品で、直径18.9cm、青色
（『兵馬俑と、秦・漢帝国の至宝』図録、1999年）

阿房宮は焼失しなかった

「史記」記述に反し　発掘遺跡焼け跡なし
中国の学術調査で判明

【北京＝福島香織】中国・秦の始皇帝が建設にとりかかり、楚の武将・項羽によって焼き払われたとされる秦代（紀元前三世紀）の巨大宮殿「阿房《あぼう》宮」は、歴史書「史記」に書かれたように焼失したのではなかったことが中国社会科学院考古学研究所などの調査で分かった。

調査チームは、阿房宮遺構に火災の痕跡がほとんどなく「史記の記述は不正確」との見解を示した。国営新華社通信などが伝えた。

調査は約一年かけて遺構がある西安市郊外の約二十万平方メートルもの土地を調べ、一千平方メートルを発掘。前殿の遺構や瓦屋根などが確認されたが、火災の痕跡《こんせき》はほとんどなかった。始皇帝の居宮・咸陽宮遺跡の調査では大量の焦土が見つかっており、燃えたのは咸陽宮だけで、阿房宮は火を免れたとしている。

始皇帝が着工した阿房宮の工事には約七十万人が動員され、工事は始皇帝の死後も続いた。史記によると阿房宮は、秦滅亡後、項羽に火を放たれ「火三月不滅（三カ月燃え続けた）」とされている。

「産経新聞」2003年12月8日記事

書省《しよしよう》・中書省《ちゆうしよしよう》・門下省《もんかしよう》などを置いて、皇帝の政務を分担していて、この始皇帝の失敗を二度とくり返すことはなくなりました。

天や神に対して強い対抗意志を抱いていた始皇帝に、その神からのメッセージが伝えられます。それは「明年、祖竜《そりゆう》死なん」というもので、滈池君《こうちくん》という水神に伝えられたのです。そのおりに「璧《へき》」という礼品が手みやげとして添えられていました。璧は、玉《ぎよく》璧《へき》とも称され、特に中国人に好まれた宝石の一種です（前頁の写真を参照）。この話はおそらく始皇帝の死後に語られたものでしょう。というのは、当の始皇帝は、まだまだ統一政策の実施途上にいて死ぬわけにはいかなかったのです。でも、突然の死はやってきました。

河北省の沙丘《さきゆう》の地でそれは起こったのですが、宰相《さいしよう》の李斯《りし》と身のまわりの世話をする宦官《かんがん》の趙高《ちようこう》の二人だけの秘密にして陝西の都咸陽《かんよう》まで伏せられました。そのおりに死体から発する屍臭《ししゆう》を鮑《ほう》（塩づけ魚）のにおいで隠したといいます。おそらく、その異常さに他の家臣たちもいぶかったことでしょう。しかし、この間に趙高と李斯は、偽詔書をつくって始皇帝の長男で、さきに焚書坑儒に反対した長男の扶蘇に死を命じ、まだ未熟な末子の胡亥を二世皇帝に立てました。その結果は、たちまち全国を騒乱におとしいれて秦帝国そのものを滅ぼしてしまいました。

しかも李斯は趙高に謀られて一族皆殺しに処せられ、その趙高も二世皇帝胡亥を殺し代わりにたてた三世皇帝（扶蘇の子）によって殺されたと『十八史略』には書かれています。めぐる因果は、「天網恢恢《てんもうかいかい》、疏《そ》にして失《うしな》わず」（『老子』第七三章）の言葉どおり、めぐりめぐってバランスをとっているようです。中国歴史の真髄は、つきつめればこんなところにあるといってよいでしょう。

◆始皇以為、咸陽人多、先王宮庭小。乃営二作朝宮渭南上林苑中一、先作二前殿阿房一。東西五百歩、南北五十丈、上可レ坐二万人一、下可レ建二五丈旗一。周馳為二閣道一。自二殿下一直抵二南山一。表二南山之顚一以為レ闕。為二複道一、自二阿房一渡レ渭、属二之咸陽一。以象三天極・閣道絶レ漢抵二営室一也。阿房宮未レ成。成欲三更択二令名一。天下謂二之阿房宮一。
始皇為レ人、天性剛戻自用。天下事無二大小一、皆決二於上一。至下以二衡石一量上レ書。日夜有レ程、不レ得二休息一。貪二於権勢一至レ如レ此。

秦有二出使者一。還、遇二人持レ璧授一レ之。曰、為レ吾遺二滈池君一。明年祖竜死。

三十七年。始皇出遊。丞相斯・少子胡亥・宦者趙高従。始皇崩二於沙丘平台一。秘不レ発レ喪。詐為レ受レ詔、立二胡亥一、賜二扶蘇死一。載二始皇轀輬車中一、以二一石鮑魚一乱二其臭一、至二咸陽一始発レ喪。胡亥即レ位。是為二二世皇帝一。

◆封建制

私たちは、古いものごと、例えば独断的な話などをきくと「封建的だ」といって批判します。この場合、その意味は単に古いというだけで、この言葉の本来の意味とはかけ離れています。

中国の歴史で「封建」といえば、皇帝などの支配者が同族の者や手柄をたてた家臣に一定の土地を与えて領有させ、そこに住む民の支配を委《ゆだ》ねることです。一言で「封《ほう》ずる」「封ぜらる」とも言います。

本書の第二章で周の武王が殷《いん》の紂王《ちゅうおう》をたおした後に、新たな支配者となり、ともに戦った周の姫旦・姫奭《せき》ら姫姓の一族や功臣の太公望呂尚《たいこうぼうりょしょう》などを魯《ろ》や斉《せい》に封建してその地方をおさめる諸侯としました。これが中国の「封建制」です。この統治システムは長く模範とされました。諸侯は支配地からあがる租税や住民の労役をえてその一部は中央に貢《みつ》ぎますか、あとは独立した一国内で処理してよく、やがてそれぞれの諸侯が国力をつけ競いあいました。それがさらなる紛争を生んで、戦国時代のような大混乱にゆきつきました。

戦国を統一した秦の始皇帝は、支配地域を「郡《ぐん》」と「県《けん》」の行政地域に分けて、そこに中央の官僚を派遣して、中央の意向が均《ひと》しく届くようにして治める方式を採用しました。これを「郡県制《ぐんけんせい》」といいます。しかし、その秦は十五年の短命で終わっています。その後の新しい支配者たちは中国の統治システムとして封建制がよいか郡県制がよいか（実際は折衷案になりましたが）近代の入口まで論争しています。日本の徳川家も、林羅山《はやしらざん》のような儒学者の意見をきき周の封建制に似た「幕藩体制《ばくはんたいせい》」をしき、鎖国政策とあいまって三百年の安定した時代を生みだしています。

もうひとつヨーロッパの歴史学で中世社会の統治システムを「フィーダリズム（feudalism）」と言い、日本ではこれを「封建制」と訳しました。近代市民社会の前段階をさす言葉で、これが今日の「封建的」イコール「古い」という含意を生んだ要因ではないかと思われます。

ビギナーズ・クラシックス 中国《ちゅうごく》の古典《こてん》

十《じゅう》八《はっ》史《し》略《りゃく》

竹《たけ》内《うち》弘《ひろ》行《ゆき》

平成24年 1月25日 初版発行
令和7年 7月25日 19版発行

発行者●山下直久

発行●株式会社KADOKAWA
〒102-8177 東京都千代田区富士見2-13-3
電話 0570-002-301（ナビダイヤル）

角川文庫 17240

印刷所●株式会社KADOKAWA
製本所●株式会社KADOKAWA

表紙画●和田三造

ISBN978-4-04-407225-4 C0198

角川文庫発刊に際して

角川源義

第二次世界大戦の敗北は、軍事力の敗北であった以上に、私たちの若い文化力の敗退であった。私たちの文化が戦争に対して如何に無力であり、単なるあだ花に過ぎなかったかを、私たちは身を以て体験し痛感した。西洋近代文化の摂取にとって、明治以後八十年の歳月は決して短かすぎたとは言えない。にもかかわらず、近代文化の伝統を確立し、自由な批判と柔軟な良識に富む文化層として自らを形成することに私たちは失敗して来た。そしてこれは、各層への文化の普及滲透を任務とする出版人の責任でもあった。

一九四五年以来、私たちは再び振出しに戻り、第一歩から踏み出すことを余儀なくされた。これは大きな不幸ではあるが、反面、これまでの混沌・未熟・歪曲の中にあった我が国の文化に秩序と確たる基礎を齎らすためには絶好の機会でもある。角川書店は、このような祖国の文化的危機にあたり、微力をも顧みず再建の礎石たるべき抱負と決意とをもって出発したが、ここに創立以来の念願を果すべく角川文庫を発刊する。これまで刊行されたあらゆる全集叢書文庫類の長所と短所とを検討し、古今東西の不朽の典籍を、良心的編集のもとに、廉価に、そして書架にふさわしい美本として、多くのひとびとに提供しようとする。しかし私たちは徒らに百科全書的な知識のジレッタントを作ることを目的とせず、あくまで祖国の文化に秩序と再建への道を示し、この文庫を角川書店の栄ある事業として、今後永久に継続発展せしめ、学芸と教養との殿堂として大成せんことを期したい。多くの読書子の愛情ある忠言と支持とによって、この希望と抱負とを完遂せしめられんことを願う。

一九四九年五月三日

角川ソフィア文庫ベストセラー

論語
ビギナーズ・クラシックス 中国の古典
加地伸行

儒教の祖といわれる孔子が残した短い言葉の中には、どんな時代にも共通する「人としての生きかた」の基本的な理念が凝縮されている。

老子・荘子
ビギナーズ・クラシックス 中国の古典
野村茂夫

道家思想は儒教と並ぶもう一つの中国の思想。わざとらしいことをせず、自然に生きることを理想とし、ユーモアに満ちた寓話で読者をひきつける。

韓非子
ビギナーズ・クラシックス 中国の古典
西川靖二

法家思想は、現代にも通じる冷静ですぐれた政治思想。「矛盾」「守株」など、鋭い人間分析とエピソードを用いて、法による厳格な支配を主張する。

陶淵明
ビギナーズ・クラシックス 中国の古典
釜谷武志

自然と酒を愛し、日常生活の喜びや苦しみをこまやかに描く、六朝期の田園詩人。「帰去来辞」や「桃花源記」を含め一つ一つの詩には詩人の魂が宿る。

李白
ビギナーズ・クラシックス 中国の古典
筧久美子

酒を飲みながら月を愛で、放浪の旅をつづけた中国を代表する大詩人。「詩仙」と称され、豪快奔放に生きた風流人の巧みな連想の世界を楽しむ。

杜甫
ビギナーズ・クラシックス 中国の古典
黒川洋一

若いときから各地を放浪し、現実の社会と人間を見つめ続けた中国屈指の社会派詩人。「詩聖」と称される杜甫の詩の内面に美しさ、繊細さが光る。

孫子・三十六計
ビギナーズ・クラシックス 中国の古典
湯浅邦弘

歴史が鍛えた知謀の精髄！ 中国最高の兵法書『孫子』と、その要点となる三十六通りの戦術をわかりやすくまとめた『三十六計』を同時収録する。

角川ソフィア文庫ベストセラー